GÖNYE VE HİLAL

İTTİHAD-TERAKKİ VE MASONLUK

Türkiye
Ekonomik ve Toplumsal Tarih Vakfı
Yayınıdır

Yıldız Sarayı Arabacılar Dairesi
Barbaros Bulvarı
80700 Beşiktaş/İstanbul
Tel: (0212) 227 37 33 - Faks: (0212) 227 37 32

Özgün Adı
Il Triangolo e la Mezzaluna

Bu kitabın yayımlanmasına izin veren
İstanbul İtalyan Kültür Enstitüsü'ne
katkılarından dolayı teşekkür ederiz.

Yayıma Hazırlayan
Ali Berktay

Kapak Resmi
Maşrık-ı Azam-ı Osmani'nin anteti

Kitap Tasarımı
Haluk Tunçay

Baskı
Numune Matbaacılık
(0212) 629 02 02

İstanbul Nisan 1998

ISBN 975-333-077-4

ANGELO IACOVELLA

GÖNYE VE HİLAL

İTTİHAD-TERAKKİ VE MASONLUK

Çeviren
Tülin Altınova

TARİH VAKFI YURT YAYINLARI 56

1968 yılında Roma'da dünyaya gelen Angelo Iacovella Roma'daki "l'Istituto Italiano per l'Africa e l'Oriente"de Arap dili ve kültürü doçentidir. İslam tarihi araştırmacısı olan Iacovella'nın bu konuda yayınlanan çok sayıda makalesi yanında, Il pettine e la brocca. Detti arabi di Gesu (Tarak ve Testi, İsa'nın Arapça Sözcükleri) adlı bir de kitabı bulunmaktadır (Roma, 1997). Yazar, kısa bir süre önce de Endülüslü mutasavvıf İbni Arabi'nin bir yapıtını İtalyancaya çevirmiştir: Epistola dei Settanta Veli (Fütühatü'l-Mekkiye'den derlenmiş Risaletü'l-Envar).

SUNUŞ

Türkiye ile İtalya arasındaki ilişkiler -ve burada "ilişkiler" terimini özellikle en geniş anlamında kullanıyorum- eski, hareketli, inişli çıkışlı, *kavgalar* ve uzlaşmaz çelişkilerle dolu, ama temaslar ve benzerlikler açısından da aynı oranda zengin bir tarihe sahiptir. Gerçekten de Osmanlı İmparatorluğu'nun yazgısıyla İtalyan güçlerinin -Cenova, Floransa, Pisa ve özellikle de Venedik- yazgısının siyaset, ekonomi ama özellikle de insan ilişkileri açısından birbirlerine ne kadar bağlı olduklarını unutmak mümkün değildir. Gezginlerin, *dönme*lerin, prenslerin, özel temsilcilerin, tüccarların, denizcilerin, kölelerin, elçilerin, cariyelerin yolları pek çok düşmanlığın birbirinden ayırdığı bu iki dünyayı eşine ender rastlanır bir yoğunluk, hatta deyim yerindeyse mahremiyet ile birbirine bağlayarak yan yana uzanıyor ve durmaksızın kesişiyordu.

Sık sık nefrete de dönüşen bu aşkın kökeninde bir kültürel bütünlük kavramı yatar: Aynı dünyaya, yani Doğu Akdeniz'e ve karşıt siyasi akımlar ile çıkarların asla tümüyle silip yok edemediği bir ekonomik, toplumsal ve kültürel ortak yaşama aidiyet. Yaşadığı Fransa-İtalya serüveni ile Cem Sultan ve Kanuni Sultan Süleyman'ın sırdaşı Alvise Gritti, *Fondaco dei Turchi*'nin (Venedik'te Osmanlı tüccarlarının kullandıkları Türk Hanı) Anadolulu tüccarları ve *Magnifica Communita di Peyra*'nın (Pera'daki Ceneviz yönetimi) Cenevizlileri, en belirgin özelliği hiç kuşkusuz sınırların belirsizliği ve aşılabilirliği olan, aynı kültür evreninin içindeydiler. Doğu diye de adlandırabileceğimiz bu evrenin en önemli kapılarından ve dolayısıyla ayrılmaz parçalarından biri de İtalya ve özellikle de Venedik'ti.

Ancak Braudel'vari bu temiz aşk çok uzun sürmeyecekti. On yedinci yüzyıldan başlayarak ve daha çok da XVIII. yüzyılda, sonun başlangıcı, iki dünyanın birbirinden yavaş yavaş uzaklaşmaya başlaması fark edilir: Karşılıklı ilişkiler ve savaşlar seyrekleşir. Bir zamanların çekim güçlerini yavaş yavaş ortadan kaldıran yeni bir dengenin oluştuğu iyiden iyiye hissedilmektedir. Tuhaf bir şekilde, bu uzaklaşmanın nedenini bir kez daha ortak yazgı, yani ekonomi ve siyaset sahnesindeki yeni ve güçlü oyuncuların neşter darbeleri altında Doğu Akdeniz havzasının gitgide çöküşü oluşturuyordu. Hollandalılar, İngilizler, Fransızlar, ve bu arada Ruslar, bundan böyle kendi kurallarını dayatarak, rolleri yeniden tanımlayarak bölge tarihine gittikçe daha çok katılacaklardır. Elbette burada söz konusu olan yavaş ve aşamalı bir sızmadır ve meyvelerini XVIII. yüzyılın ikinci yarısından itibaren vermeye başlayacaktır. İtalyan ekonomileri ve Osmanlı İmparatorluğu ekonomisi, Batı kapitalizminin hızlı gelişmesi sonucunda, yavaş yavaş marjinalleşir, hatta tabi konuma düşerler.

İtalyan-Osmanlı bakış açısından bu ortak gerilemenin belirleyici sonuçları olacaktı. İlk zararı da bu dünyayı birbirine bağlayan ticaret görecekti: Venedik ürünlerinin Osmanlı pazarındaki yerini yavaş yavaş Fransız ya da İngiliz imalatı almaya başladı; Venedikliler de bu iki gücün koloni imparatorluklarından gelen baharatı satın almayı daha hesaplı buldular. Apayrı bir düzeydeyse, eski kültürel ve siyasal ilişkilerin yok oluşu da yine dramatik bir olgudur. Her iki ülke de karşılıklı olarak birbirini yok saymaya başlar; bakışlar, dünyanın bu yeni ağırlık merkezine, merkezi Paris'te, Londra'da, Amsterdam'da olan bir Batı'ya döner ... Görevli olarak artık Venedik değil Versailles ziyaret edilir; gezginlerin adı artık Zeno ya da Della Valle değil, ama Lebruyn, Tournefort, Castellan, Chandler'dır ... Anlatılan sayısız anekdottan biri bu uzaklaşmayı belki de daha iyi özetleyecektir: 1740'larda İstanbul'a bir gemi yükü jambon, salam ve tablo boşaltan Napolili tüccarlar kuşkusuz -en hafif deyimiyle- "Doğu'larını şaşırmışlardı"*

Kültürel açıdan ele alacak olursak, sorunun nüvesini herhalde bu "Doğu'yu şaşırmada", yönünü yitirmede aramak gerekir. Çünkü Batı Avrupa diplomatik, askeri ve ekonomik açılardan bölgede ağırlığını koyarken, bölgeyi ideolojik ve kültürel alanlarda da dönüştürmekten ve yeniden tanımlamaktan geri kalmıyordu. Aydınlanma ve doğuş halindeki (birçok yerde de gelişmiş) kapitalizm dünyasında, Doğu'nun sınırları olabildiğince uzağa püskürtülmeliydi. Bu yeni çerçeveden yeni bir kavram doğacaktı: Muzaffer, egemen ve özellikle de ortak bir tarihsel ve kültürel mirasa dayanan bir Avrupa. Osmanlılar bu yeni Avrupa'dan dışlandılar; İtalyanlar ise, ekonomik ve siyasal yönden kısmen marjinal kalsalar bile, bu etki alanı içine alındılar ve yavaş yavaş şekillenen yeni dünyaya aidiyetlerini kolayca iddia edebildiler.

Bunun sonucunda, XIX. yüzyıldaki Türk-İtalyan ilişkilerinde radikal bir değişim oluştu. Britanyalıların ve Fransızların sahnede neredeyse yalnız kalmalarıyla gölgelenen bu ilişkilerin etkisinde ve çapında meydana

* *Désorientés:* Fransızcada yönünü yitirmiş anlamında kullanılır-y.n.

belirgin düşüşün yanı sıra, bağlantıların niteliğinde de oldukça açık bir değişiklik yaşandı. Artık -küçük olsa da- Batılı bir güç olan İtalya Osmanlı dünyasına, büyük ölçüde diğer Avrupalı güçlerden kopya edilen, farklı bir görüş açısından bakmaktadır. Bir zamanlar Doğu (Orient) ile düşüp kalkan İtalyanlar yüzyılın ikinci yarısından itibaren Oryantalizmi benimserler ... ama, her ne olursa olsun, yüzyıllar boyunca süregelmiş bir birliktelik sonucunda, bu bakışa, doğal demesek de, kaçınılmaz olarak bir tutam duygudaşlık ve anlayışı katmadan da edemezler. Belki de, Donizetti, d'Aronco, Mongeri ya da Zonaro gibilerinin, tüm yönleriyle Batılı kalmalarına karşın, Osmanlıların havasına, suyuna neden başkalarından daha kolay uyum sağlayabildikleri böyle açıklanabilir.

Bu açıdan bakılınca, Angelo Iacovella'nın bizlere anlattığı Osmanlı İmparatorluğu'ndaki yerleşik İtalyan masonluğu, Doğu Akdeniz'deki İtalyan varlığının bu görüntüsünü büyük bir doğrulukla yansıtmaktadır. Sık sık İngiliz ve özellikle de Fransız obediyansından locaların parıltısı tarafından gölgelenen İtalyan masonluğu, "Uzakbatılı" mason hareketini yakından izlemekle birlikte, yine de ikinci sınıf bir kurum olarak kalmıştır. Veliaht -ve üç ay padişahlık da yapan- V. Murad'ı bile tekris etmekle övünebilecek bu masonluklardan farklı olarak, İtalyan masonluğu, yerel *seçkinlerden* pek az sayıda prestijli üye toplayabilmiştir. Aksine, saflarını siyasal ve kültürel eğilimleri İtalyan kimliğine daha yakın -küçük ya da orta dereceli- kentsoylularla, işçilerle, memurlarla dolduran ve göreceli olarak daha alt bir katman kesiti sunan İtalyan masonluğu, daha Akdenizli, daha Levanten, ama özellikle de, daha radikal bir görüntü çiziyordu.

Daha radikaldi -ve bu önemli bir özelliktir- çünkü alçakgönüllü görünümünün arkasında belli bir harekete geçirme yeteneği gizliydi. Bu yetenek bir yandan Mazzini-Garibaldi geleneğinden, diğer yandan da İmparatorluğun toplumsal "tabanına" daha yakın olmaktan kaynaklanıyordu. Bu nedenle İtalyan masonluğunun Jön Türk hareketinden ve onun 1908 yılındaki nihai patlamasından o kadar hızlı ve etkin bir şekilde çıkar sağlamasında şaşılacak bir yan yoktur. Rahatlıkla Osmanlı *Carboneria*'sı* diye de adlandırabileceğimiz bu kuruluşla ayrıcalıklı ve çok daha dolaysız ilişkilerinden ve aşırı seçkinci öbür obediyansların genellikle yoksun oldukları taşra ağından yararlanan İtalyan locaları, Balkanlar'da ve özellikle de Selanik'te isyanın ilk işaretlerini fark eder etmez, diğer locaların pabucunu dama atmakta hiç zorlanmadılar. Ve böylece de, 1909 ilkbaharında, Jön Türkler -kendinden çok emin olan ve böyle bir olasılığa asla inanmayan Fransa Maşrık-ı Azamı'nın (*Grand Orient de France*) aleyhine- Maşrık-ı Azam-ı Osmani'yi kurmaya karar verdikleri zaman, bu eylem için ge-

* İtalyan bağımsızlık savaşları sırasında kurulmuş gizli siyasi, vatansever dernek-ç.n.

rekli 33. derece diplomaları sağlayarak, onlara yardım elini uzatan İtalya Maşrık-ı Azamı (*Grande Oriente d'Italia*) oldu. O andan başlayarak, Emanuel Karasu'nun himayesindeki İtalyan masonluğunu Fransız localarının eski önceliklerinin ayağını kaydıracak parlak bir gelecek bekliyordu. Eski Akdeniz ortak yaşamının yeniden gün yüzüne çıkacağı, hatta sonradan gelenlerden rövanşı alacağı sanılabilirdi... Bununla birlikte, bu güzel günler fazla uzun sürmeyecekti: Trablus savaşı -Avrupa'nın oldukça dışında kalan bir bölgede devlet-ulus olmaya oynayan bir imparatorlukla bir sömürge imparatorluğu düşleyen bir ulusu karşı karşıya getiren traji-komik bir öykü- birdenbire her şeyi sona erdirecekti...

"*Gönye ve Hilal*" hakkında hazırladığı mükemmel çalışmasında Angelo Iacovella bu son olayları betimliyor. Başlık belki ezoterik çağrışımlar yaratıyor, ama aslında bu başlığın arkasında, yöntem ve bilimsel kesinlik bakımından, insana "ancak bu kadar olur" dedirten bir "tabu tanımaz" (*profane*) içerik bulunuyor. Yazar bir Osmanlı araştırması çerçevesinde bugüne dek pek az kullanılmış ya da hiç kullanılmamış kaynakları ve belgeleri gözlerimizin önüne seriyor: İtalyan arşivleri ve özellikle de, Büyük Üstat Ettore Ferrari'nin heyecan verici yazışmalarını barındıran İtalyan Maşrık-ı Azamı'na ait arşivler. Masonluk konusunda, onun Fransız çehresi dışında hiçbir şey bilmeyen "Osmanlı meraklısı" bir okur kitlesi için bunların hepsi yeni şeyler. Zaman zaman siyasi, hatta oportünist davrandığı kuşku götürmeyen, ama kimilerinin hâlâ ona atfetmeyi sevdikleri kabalalardan ve gizlerden çok, dönemin -kimi zaman oldukça saf- devrimci ve enternasyonalist ideallerine yakın bir masonluğu gözler önüne seren heyecan verici bir inceleme.

Ve son olarak da, Türkoloji çevrelerinde bir İtalyan isminin belirdiğini görmekten duyduğum mutluluğu belirtmeme izin verilsin; yıllardır onlara bu alanda o kadar az rastlıyoruz ki... Bu saptamam, Fransız, Alman ya da Anglosakson "obediyansından" Osmanlı incelemelerine karşı bir düşmanlık olarak kabul edilmesin; bu ülkelerin araştırmacıları -çalışmalarının mükemmelliği nedeniyle- o kadar fevkaladeler ki, onları ayrıca övmek hak etmedikleri bir küstahlık bile sayılabilir... Söz konusu olan, İtalyan araştırma çevrelerinin, fazla uzun süren bu konu dışı yazımda canlandırmaya çalıştığım kayıp dünyanın anısına bile olsa, "bizi" biraz daha sık hatırlayacakları konusunda beni umutlandıran, belki de biraz fazla Braudel'vari bir duygusallık kalıntısından başka bir şey değil. Bu birlikteliğin izlerinin, İtalyanların ortak belleğinde "Mamma li Turchi!" ("Anne, Türkler!") şeklinde özetlenme olasılığını reddediyorum.

Edhem Eldem
Boğaziçi Üniversitesi, İstanbul, Şubat 1997

İÇİNDEKİLER

TABLOLAR

ÖNSÖZ

Bugüne kadar, kaideyi bozmayan istisnalar dışında, İtalyan masonluk tarihiyle ilgili olaylar tarih yazıcılarının pek dikkatini çekmemiştir. Bu yazıcılar, en iyi varsayımla, konudan tümüyle habersiz değillerse, bu olayı küçümseme eğilimindedirler. Bu nedenle de, deyim yerindeyse, "masonluk bilimiyle" ilgili araştırmalar, genellikle küçük bir uzman topluluğunun tekelinde kalmıştır. Bu kişilere, doğal olarak hoş olmayan ve karmaşık bir disiplin içinde, bu araştırmaları, zahmetli bir şekilde, bir düzene sokma görevi verilir. Bu çalışma zaman zaman dış olaylar küresini aşıp tam anlamıyla "ezoterik" bir evrenin sınırlarını zorlar. Bütün bunlara bir de doğrudan kaynaklara ulaşabilmenin doğurduğu maddi sıkıntı eklenir ki, bu da tüm araştırmacılar için geçerlidir, çünkü masonlukla ilgili asıl belgeler, bilinen nedenlerden dolayı, kolay kolay ele geçirilemezler; hatta elde edilseler bile, çok eski belgeleri anlayıp çevirebilme sanatına da ayrıca gereksinme duyulur, bu durum da pek çok yorum "ikilemi"ne neden olur.

Elinizdeki kitabın hareket noktası, yazarın Türk-İtalyan ilişkilerinde İtalyan masonluğunun oynadığı rolü, dar görüşlü yorumlara kapılmadan, *cum grano salis* (daha esnek bir biçimde) değerlendirmenin yararına olan inancıdır. Eğer bu satırların yazarı "masonluk harici" olduğu halde Palazzo Giustiniani'deki İtalya Maşrık-ı Azamı Tarih Arşivi'nin geniş ve cömert işbirliğinden yararlanamasa, benzer bir inceleme asla gerçekleşemezdi. Bu nedenle, burada bu kuruluşun müdürü Prof. Anna Maria Isastia'ya teşekkür etmeyi bir borç bilirim. Benim çalışmam, büyük ölçüde, bu arşivde korunan kaynaklar üzerinde odaklanıyor. Burada birinci elden belgelere ulaşmamız mümkün oldu. Bu belgeler elimizde olmasa, masonluk olayıyla ilgili her görüş, kaçınılmaz şekilde, çıkarılmış birer tahmini sonuç olmaktan öteye geçemezdi. Bir parantez açalım, bu belgelerin büyük bölümü hâlâ elyazması halinde duruyor. Bunların başında da sözü edilen "Loca Matrikül Defterleri" * geliyor. Titiz bir inceleme ve tasniften sonra

---

* Burada "İtalya Maşrık-ı Azamı"nın yaklaşık 72 bin üyesinin adlarının el yazısıyla

bu merkezde, yaklaşık iki yıl boyunca sık sık, bu belgelerden gönlümüzce yararlandık.

Daha henüz eldeğmemiş durumdaki bu ve diğer kaynakları değerlendirdikten sonra, o dönemin mason gazete yazarlarının da yardımıyla, ilk önce, Sultan II. Abdülhamid'in (1876-1909 yılları arasında saltanat sürdü) tahta çıkışından önce İstanbul, İzmir ve Selanik'teki İtalyan localarının kökenini araştırmaya çalıştık. Çok eskilere dayandıkları için bu kökenler arasında birtakım boşluklar, eksiklikler vardı ve üstleri adeta bir sis tabakasıyla örtülmüştü. İtalyan masonluğunun Türkiye'de hızla yayılışının az bilinen bir konu olduğuna kuşku yoktur, ama Osmanlı İmparatorluğu ile İtalya ilişkilerinin yüzyıllara dayanan "destanı" içinde ilgilenmeye değer bir bölüm oluşturmaktadır.

Daha başlangıcından itibaren "pembe bir iplik" İtalyan masonluğunun kaderiyle "Jön Türkler"inkini birleştirmişti. Görmezden gelinemeyecek siyasal ve diplomatik sonuçların utancı içinde, bu "beraberlik", kanımızca, hiçbir zaman gerektiği şekilde açıklığa kavuşturulamadı. Yazar, arşiv araştırmaları sırasında, 1908 devriminden önce, devrim sırasında ve ertesinde, Selanik mason localarıyla kuruluş aşamasındaki "İttihad ve Terakki Cemiyeti" arasında bir bağlantı savını doğrulayan ve geliştiren çok sayıda veri elde etme olanağını bulmuştur. Varılan bu sonucun belirgin önemi nedeniyle, Palazzo Giustiniani ile "Jön Türkler" arasında kurulan ilişkiler bu denemenin konusunu oluşturacaktır. Yukarıda sözü edilen "beraberliği" bir imgeyle özetlemek için, bu yapıta *Gönye ve Hilal* başlığını koyduk. Kitapta, aynı şekilde, 1904'ten 1917'ye kadar "İtalya Maşrık-ı Azamı"nın Büyük Üstadı olan Ettore Ferrari'nin kişiliği üzerinde de yoğun çalışma yaptık. 1904- 1917 yılları arasındaki dönem ülkemiz için çok önemli olduğu kadar, iki ateş arasında kalmış olan ve yaşam savaşı veren Osmanlı İmparatorluğu için de ayrı bir önem taşıyordu. Bir yanda, Balkan cephesinde birliğin bozulması; öbür yanda, Libya'nın ele geçirilişi ve bu ülke üzerindeki egemenlik sorunları yüzünden İtalya ile yaşanan düşmanlık; bu durumu daha da ağırlaştıran 1. Dünya Savaşı'nın başlama-

---

kaydedildiği, her sayfası numaralanmış, ağır ciltler söz konusudur. Bu kayıtlarda ayrıca her üyenin matrikül numarası, adı ve soyadı, bağlı bulunduğu bölge, ait olduğu loca ve onun da ilişkili olduğu Maşrık, Mason hiyerarşisine göre, birinci, ikinci ve üçüncü derece (çıraklık, kalfalık ve üstatlık) diplomaların tarihleri de belirtilmiştir. Kendileri de elyazması olan "Kurul Tutanakları"ndan da çok yararlanılmıştır. Söz konusu olan bu "Kurul Tutanakları" Palazzo Giustiniani Kurulu'nun toplantı tutanaklarını da içermektedir. Bundan başka, Ettore Ferrari'ye ait mektupların küçük bir bölümü ile bazı notlar da bulunmuştur. Bir envanteri hazırlanmakta olan bu belgelerden, "Carte Isastia" gibi, içeriğini ve -eğer mümkünse- tarihini belirterek alıntılar yapacağız.

sı. O halde, Palazzo Giustiniani'yi Trablusgarp işgaline karşı gizli bir harekete doğru iten pek çok neden arasında Sultan'ın hükümranlığı altındaki topraklarda yer alan İtalyan mason localarının varlığı da sayılabilir. Bu işgali, Vatikan'ın sessiz güvencesiyle desteklenen ve gelişmekte olan sömürgecilik hareketinin de verdiği cesaretle, Giolitti istemişti. Zaten, 9 Eylül 1911 tarihinde Bab-ı Âli'ye savaş ilanının "İtalya Maşrık-ı Azamı"nın zirvesinde bulunanları sıkıntıya sokması kaçınılmazdı. Doruktaki bu kişiler, varsayılan bir "Türkseverlik" uğruna, kozmopolit mason sunağında vatanın iyiliğini kurban etmekle suçlanıyorlardı. Aslında olup biten, Ettore Ferrari'nin, Büyük Üstat sıfatıyla, pek çok kişinin bilmediği bir ayrıntının farkında olmasından ibaretti. İtalya'nın anlaşmazlığa düştüğü "İttihad ve Terakki Cemiyeti"nin başlıca yöneticileri Palazzo Giustiniani'nin üyeleriydi! Jön Türkler iktidara geldikten sonra, İtalyan masonluğu, 1909 yılında İstanbullu "biraderleri"nin girişimiyle kurulan -aksi takdirde yabancı locaların saflarında çalışmak zorunda kalacaklardı- "Maşrık-ı Azam-ı Osmani"nin oluşturulmasına önce yardımcı olmuş ve sonra da, onu resmen tanımıştı. Bu açıdan bakıldığında, aynı Maşrık-ı Azam-ı Osmani tarafından İtalya'nın Libya'yı işgalinden birkaç hafta önce Ferrari'ye iletilen ve üzücü olduğu kadar da güç bir durumda, "iki mason ailesinin yakın beraberliği"nden söz eden mektubun şaşırtıcı bir yanı kalıyor mu ? Masonlukla ilgili bu yapıtın hazırlanması sırasında gerekli olan konuyla ilgili yayımlanmış özel sözlük, resim ve yazıların toparlanmasında İstanbul İtalyan Kültür Enstitüsü bize çok yardımcı oldu. Bu nedenle, bu eserin yayımlanması için dostça ve sürekli olarak beni yüreklendiren Prof. Adelia Rispoli'ye teşekkür ederim. Bu kitapta yer alan masonlukla ilgili belgeler, Resim 10'da görülen mektubun dışında, hiçbir yerde yayımlanmamıştır. 3

Son olarak da, çalışmalarımda teşekkür borçlu olduğum meslektaşlara ve dostlara, Salamanca "Archivo Historico Nacional"de bulunan değerli bir mektup derlemesinin suretini çıkartarak az bulunur bir cömertlik örneği gösteren ve İspanya'ya olanaksız bir yolculuktan beni kurtaran Dr. Marco Novarino'ya; her zamanki gibi, tarihsel, dilbilimsel ve yer adları hakkındaki sayısız önerileri nedeniyle Prof. Giacomo Saban'a; pek çok kez konu edildiğim ve her defasında da büyük bir nezaketle karşılandığım için İstanbul "Institut Français d'Etudes Anatoliennes (IFEA)"in müdürü Prof. Stéphane Yerasimos'a teşekkürlerimi sunmak isterim. Elbette, olası hataların tekelini yazar kendi elinde bulunduruyor, çünkü geri kalan her şey gibi, bunlar da onun "çuvalının unu".

Bu "yorgunluk" karım Rosanna'ya ithaf edilmiştir.

Angelo Iacovella

KISALTMALAR

ASGOI "İtalya Maşrık-ı Azamı" Tarih Arşivi (Archivio Storico del "Grande Oriente d'Italia")
ASMAE Dışişleri Bakanlığı Tarih Arşivi
E I Encyclopaedia of Islam
F.·. (Fr.·.) Birader
G.·. M.·. Üstad-ı Azam ya da Büyük Üstat
G.·. O.·. Maşrık-ı Azam ("Grande Oriente": Büyük Doğu)
L.·. Loca
MCRR Roma Risorgimento* Merkez Müzesi
M.·. V.·. Üstad-ı Muhterem

R.·. L.·. Sayın Loca
Sup.·. Cons.·. Şura-yı Ali (Yüksek Şura)
33.·. Eski ve Kabul Edilmiş İskoç Riti'nin 33. derecesi

* XIX. yüzyılda doğan ve İtalyayı birleştirmeyi amaçlayan ideolojik, siyasi ve edebi akım.

BİRİNCİ BÖLÜM

BAB-I ÂLİ'NİN EŞİĞİNDE

Postfactum

Mayıs 1909. Sultan II. Abdülhamid'in tahttan indirilişinin üstünden birkaç gün geçti. Ordunun desteğine ve Batılı güçlerin içtenliğine güvenen Jön Türkler iktidarın dizginlerini sımsıkı ele geçirdiler. Arkasında uzun ve kanlı bir iz bırakan yaşlı müstebitin bundan böyle yapacağı tek şey sürgün yolunu tutup Selanik'e ulaşmak, Alatini Villası'nın duvarları arkasına sığınmaktı.

Genel bir sevinç, gitgide daha da belirginleşen meşruti rejimin ilerleyişini coşkuyla karşılıyordu. Uçsuz bucaksız Osmanlı İmparatorluğu'nun sınırları içinde ve dışında pek çok kişi, amaçlarının ciddi şekilde ülkeyi çağdaşlaştırmak ve zamana uyum sağlamak olduğunu sandıkları İttihad ve Terakki Cemiyeti'nin adamlarına güveniyordu. Fransız gazetelerinden toplu bir övgü korosu yükseliyordu. Jön Türk hareketinin uyanışıyla "la régénération de l'Empire Ottoman (...), la fin d'une anarchie tyrannique",[1] (Osmanlı İmparatorluğunun dirilişi... baskıcı bir anarşinin sonunu) kutluyorlardı. Almanya da, kendi açısından, Sultan V. Mehmed'in

1 "Batılı güçler, özellikle de büyük düşünce yayıcısı Fransa, Jön Türklerin zaferinde siyasal özgürlük ilkelerinin başarısını alkışladılar [...] Avrupa'nın Türk devriminden beklediği, karmaşık siyasal bir duruma getirilecek onurlu ve barışçı bir çözümdü [...] çünkü bu karmaşadan bir ölçüde kendini de sorumlu tutuyordu. Makedonya'daki karışıklıklar, 1902'den beri, büyük güçleri endişelendiriyordu; bu mutsuz eyalete bazı "reformlar" getirecek istikrarsız bir uzlaşmayı büyük güçlükle sağlayabilmişlerdi. Bu kaygılar artık ortadan kalkacaktı; yeniden örgütlenen, uygarlaşan Türkiye, ırk, milliyet ya da din farkı gözetmeden, tüm halkının güvenliğini ve mutluluğunu kendi başına sağlayabilecekti. Artık Doğu sorunu ortadan kalkacaktı!". René Pinon, *L'Europe et la Jeune Turquie* adlı yapıtında, Sultan II. Abdülhamid'in tahttan indirilişinin Batı'da doğurduğu umutları bu sözlerle özetliyordu, Paris 1913, s. 95.

tahta çıkışını destekliyordu. Oysa bir zamanlar Alman İmparatoru, şimdi gözden düşen yaşlı sultanın "kişisel dostu"[2] olduğunu sık sık ilan etmişti.

İtalya'da da, başka yerlerde olduğu gibi, Jön Türkler'in zaferini alkışlayanlar vardı. Yeni İstanbul hükümetini İtalyan masonluğu adına ve hesabına ilk kutlayanların başında Palazzo Giustiniani'nin Büyük Üstadı Ettore Ferrari geliyordu. İtalya Maşrık-ı Azamı'nın duygularına tercüman olarak, zorbanın tahttan indirilişinden birkaç gün sonra "Eski ve Kabul Edilmiş İskoç Riti'nin 33. derecesinden Sevgili Birader Emanuel Karasu"ya[3] coşkulu selamlarını gönderiyordu; *Rivista Massonica* (Masonik Dergi) sütunlarında tam metin halinde yer alan bu selam şöyleydi:

> Gazetelerin aktardığı, orada gelişen ve gelişmekte olan çeşitli harika olaylar, Türk halkının en sonunda ve kararlı bir şekilde, haklarının bilincine vardığını, yüzyıllık boyunduruktan silkindiğini, özgürlüğü istediğini doğruluyor. Bu olayları ve yüzyıllara dayanan bir geçmişin inatçı direnişini yenmeyi başaran gözüpek bir çabayla genç ulusun, uygarlık tarihi ve insani gelişme içinde ait olduğu yere getirilişini kaygı ve hayranlıkla izledik.[4]

---

2 *a.g.e.*

3 II. bölümde Emanuel Karasu üzerinde geniş bir şekilde duracağız. 1860 yılında Selanik'te doğan Karasu'nun adı, M.G. Ottolenghi'nin Makedonya'dan yazdığı bir mektupta, kentin "en seçkin avukatları" arasında sayılmaktadır, "Gli Ebrei di Salonicco", *Il Vessillo Israelitico*, XLV (1897), 1. böl., s. 152. Bernard Lewis'e göre (*The Jews of Islam*, Princeton 1984, s. 179), "başkent dışındaki Jön Türk faaliyetlerinin en önemli Yahudi merkezi olan Selanik'te yoğunlaşması Yahudilerin önemli bir rol oynadığı izlenimini uyandırıyordu. Bu izlenim, birkaç marjinal Yahudinin, özellikle de, devrim sırasında ve öncesinde Jön Türk meclislerinin göze çarpan simalarından Selanik Yahudisi Emanuel Karasu'nun faaliyetleriyle kuvvetlenmektedir." Osmanlı Meclis-i Mebusanı Sultan Abdülhamid'i tahttan indirmeye karar verince, hükümdarın huzuruna çıkıp bu kararı bildirme görevi dört milletvekilinden oluşan bir heyete düştü. Görev 27 Nisan 1909'da yerine getirildi. Bu konuda Giacomo Saban şuna değiniyor: "Türk vakanüvisleri heyetin seçiminin siyasal açıdan büyük bir beceriksizlik örneği olduğu konusunda aynı düşünceyi paylaşıyorlar: Gerçekten de bu temsilciler biri Arnavut, öbürü Gürcü olan iki Müslüman, bir Ermeni ve bir Musevi'den oluşuyordu. Bu sonuncusu; Selanik milletvekili Emanuel Karasu idi. İttihad ve Terakki'yi aşırı derecede Türkçü, hatta pantürkist davranışa, düşünceye sürükleyen sonraki siyasal gelişmelerde, bu seçim hatasının acısı hissedildi ve çok sayıda yazar da milletin onurunu rencide etmekle suçlayarak Karasu'yu -ve onunla birlikte diğerlerini de, yani tüm azınlıkları- mahkûm etti"; bkz. G. Saban, "Gli Ebrei di Turchia", *La Rassegna Mensile di Israel*, XLIX (1983), No: 1-4, s. 87.

4 "Alla Giovine Turchia", *Rivista Massonica*, XL (1909), No: 9-10, s. 218-219. *Rivista Massonica* biraz da tumturaklı bir ifadeyle şunların altını çiziyordu: "Gerici hareketin son günlerdeki tutuklama ve barışçı devrimin kazanımlarını silip süpürme tehditleri karşısında, bu Biraderlerin çabaları yoğun bir şekilde gelişerek sürdü. Biraderlerimiz kamu vicdanının Boğaziçi kıyılarındaki [...] bu ayaklanmasında bir kez daha öncü ve düzenleyici olarak öne çıkıyorlar.

Büyük Üstad'ın sözlerinden süzülen hoşnutluk ifadesi, yine *Rivista Massonica*'ya göre, böylesine yankı uyandıran bu olaylara "Selanik ve İstanbul'daki[5] Biraderlerimizin büyük ölçüde katılımından" ileri geliyordu. Mutluluğun coşkusuyla kaleme alınan bu bildirinin zafer ezgileri yansıtan anlatım biçiminin ötesinde, Büyük Üstat Ettore Ferrari, 27 Temmuz 1908 devriminin ulaştığı olağanüstü hedefleri kutlarken hiç de abartmıyordu. Bu devrimde, İtalyan masonluğunun yardımı pek çok yönden belirleyici olmuştu, çünkü İttihad ve Terakki Cemiyeti'nin başkaldırı ateşi Selanik'teki *Macedonia Risorta* Locası'nda tutuşturulmuş, buradan yayılmıştı. Söz konusu loca İtalya Maşrık-ı Azamı'na bağlıydı ve Üstad-ı Muhterem'inin adı da Emanuele Carasso (ya da Karasu) idi. Demek ki, Palazzo Giustiniano bundan haklı bir gurur ve bir anlamda da, Osmanlı İmparatorluğu'nun "bağrında" yaşanan çağdaş değişimlere katılmış olmaktan kıvanç duyabilirdi.[6]

Jön Türkler ile İtalyan masonluğu arasında, zayıf da olsa varolan bu dış bağ kanımıza göre, henüz tümüyle tatmin edici yanıtlar verilememiş pek çok sorunun gündeme gelmesine neden oluyor: İtalyan mason locaları 1908 başkaldırısına doğrudan katıldılar mı? Yanıt evet ise, nasıl ve ne ölçüde? İttihad ve Terakki Cemiyeti'nin kaç tane ve hangi üyeleri İtalya

5 *a.g.e.*

6 Cenova'da Simgesel Rit'ten *Goffredo Mameli* locasında düzenlenen bir konferansta, aynı Ettore Ferrari, masonluğun üstlendiği rolü özetleyerek açıkladı. Bu arada, pek az bilinen ve anımsanması gereken bir olaya değindi: Hükümet, özellikle de, orduda görevli subayların özgürlük davasını benimsediğinin ve böylece de Jön Türkler'in partisine girdiğinin, 2. ve 3. Kolordu'ya bağlı tüm subayların da masonluğu seçtiğinin kokusunu alınca, tepkisi çok sert oldu. Bu arada, hükümet, kendi çevresinde, aralıksız şekilde kükremekte ve büyümekte olan özgürlük hareketini hemen boğmak amacıyla, Kolordu'ya bağlı iki paşayı Selanik'e gönderdi [...]. Devrimci hareketin merkezi olarak Selanik bilindiği için, hükümet tarafından gönderilen iki paşa Jön Türk Cemiyeti'nin merkezini bulmak ve üye listesini ele geçirmek emrini almışlardı. Mason locaları ve özellikle de *Macedonia Risorta* locası aralıksız takibe alındı. Ama bu, hükümetin saptadığı amaca ulaşmaya yetmiyordu: 1908 Mart'ının bir sabahında bir locanın kapıları kırılmış ve lokalin içindeki her şey altüst edilmiş halde bulunduğunda bu yetmezliğin bir denemesine tanık olundu. Arşiv rafları boşaltılmış ve Biraderlerin listesiyle ajitasyon komitesinin tehlikeli kâğıtlarının bulunduğu Muhterem'in dolabı açılmıştı ve içi bomboştu. Bu cüretkâr darbe, doğal olarak, Biraderleri çok heyecanlandırdı; ama Muhterem'in ani bir mektubu ile biraz rahatladılar. Bir akşam önce, hafiyelik görevini üstlenmiş paşalardan birinin yaveri olan bir Biraderimiz, locaların lokallerine yapılacak bu gece baskını tasarısından Muhterem'i haberdar etme olanağını bulmuş, Muhterem de arşivde ve özel dolabında bulunan Biraderlerin listesiyle suç unsuru olabilecek tüm kâğıtları götürmüştü. Söylentiye göre, hafiyeler onların yerine imparatorluğun önde gelen gericilerinin adlarını içeren uydurma bir Biraderler listesi bulmuşlardı!", E.Ferrari, "La Massoneria Italiana e la rivoluzione turca", *Acacia*, II (1910, s. 126-127).

Maşrık-ı Azamı'na gerçekten bağlı olarak hizmet etti? İtalyan masonluğunun Selanik'teki Jön Türk hareketine katkı iddiası, modern büyük devrimlerin "hırçınlıklarının" arkasında sözde "Yeşil Mezheb"in *longa manus*'unu arayan temelsiz bir önyargının ürünü olamaz mı? Ettore Ferrari'yi -mason olduğu halde- İttihad ve Terakki Cemiyeti'nin yönetimini açıkça desteklemeye iten şey neydi? Bir ülkü birliği, zekice bir uluslararası birlik düşüncesi, ya da daha elle tutulur bir şey miydi? Jön Türkler'in bir anlamda Palazzo Giustiniani'nin koruması altında olmaları gerçeği, Trablusgarp Savaşı karşısında İtalya Maşrık-ı Azamı'nın tavrını ne dereceye kadar belirliyordu?

Masonluk gibi son derece hassas ve kavranması güç bir alana ilişkin bu ilginç ve merak uyandıran soruları bir bütün halinde yanıtlamak hiç de kolay değildir. Bunun bilincinde olarak, bu soru işaretlerinin hepsini ortadan kaldırmak iddiasında bulunmadan, her zaman ciddiyetin korunmasını sağlayan ölçütleri uygulamaya çalıştık. Gerçek bir bütünlüğü sağlayabilmek için, bu çalışmanın özünü oluşturan konunun başlangıç bölümüne, İtalyan masonluğunun "Bab-ı Âli'nin eşiğinde" doğuşu ve dalbudak salışıyla ilgili kısa bir *excursus* eklemenin yerinde olacağını düşündük. Bu bölümün amacı, daha önceki yıllardan başlayarak Jön Türkler'in uyanışını hazırlayan İtalyan mason localarının gerçek önemini, büyüklüğünü eldeki tüm öğelerden yararlanarak saptayabilmektir.[7]

Başlangıçlar

Masonluğun ortaya çıkışı, Osmanlı İmparatorluğu'nda İtalyan varlığı-

---

7 Jön Türklerle ilgili kaynakça geniş ölçüde tahrip edilmiştir. Modern Türkiye'nin kökenleri hakkındaki araştırmaların karmaşık yollarında yön bulabilmek için, Bernard Lewis'in *Islam et laicité* adlı temel yapıtına başvurmak yerinde olur, Paris 1988. (*The Emergence of Modern Turkey*, Londra 1961, adlı yapıtın güncelleştirilmiş Fransızca çevirisi). Bu eserde zengin bir kaynakça malzemesi bulunuyor.

Başta aşağıda adları sayılanlar olmak üzere, çok sayıda önemli araştırmacı Osmanlı İmparatorluğu'nun değişiminde mason etkisinin önemini kavramıştır: Elie Kedourie, "Young Turks, Freemasons and Jews", *Middle Eastern Review*, VII (1971), No: 1, s. 99-104; Paul Dumont, "La Turquie dans les Archives du Grand Orient de France: les loges maçonniques d'obédience française à İstanbul du milieu du XIX. siècle à la veille de la première guerre mondiale", AA. VV., *Economies et Société dans l'Empire Ottoman, fin du XVIIIe siècle-début du XIXe siècle (Actes du II. congrés international d'histoire économique et sociale de la Turquie)*, Paris 1983, s. 171-201; Şükrü Hanioğlu, "Notes on the Young Turks and the Freemasons (1875-1908)", *Middle Eastern Studies*, XXV (1989), No: 2, s. 186-197. Bütün bunlara, Thierry Zarcone imzasıyla yakın zamanda yayımlanan *Mystiques, philosophes et francs-maçons en Islam*, Paris 1995, adlı çalışmayı da eklemek gerekir. Bu yapıtta bilimselliğe ve nesnelliğe gösterilen eşine az rastlanır saygıyı da ayrıca belirtmek yerinde olur.

nı açığa vuran marjinal belirtilerden biriydi.[8] İtalyan masonluğu ancak 1863'te, "Konstantinopolis Maşrıkı'nın Sayın İtalya Locası"nın kurulduğu yıl Boğaziçi'ne ayak bastı.[9] Loca, Krallığın Osmanlı sefiri ve aynı zamanda kendisi de mason olan Marki Caracciolo di Bella'nın onayıyla doğdu. O dönemin diplomatik çevrelerinden edinilen bazı duyumlara göre, İtalyan hükümeti temsilcisini "bu locanın oluşumunu himaye etmek"[10] için özellikle yüreklendirmişti; öyle bir inanış vardı ki, masonluktan yararlanarak, İtalya Doğu'daki etki alanını daha da genişletebilecekti.[11] Birkaç ay içinde, İtalyan masonluğuna kaydolanların sayısı, en iyim-

8 İtalyanların Türkiye'ye göçü ve oradaki varlıkları hakkında yazılacak daha çok şey var; 1815-1860 dönemi için, en iyi hareket noktası Enrico De Leone'nin yapıtıdır, *L'Impero Ottomano nel primo periodo delle riforme (tanzîmât) seconde fonti italiane*, Milano 1967. Claudio Masi'nin *Italia e Italiani in Oriente vicino e lontano (1800-1935)*, Bologna 1935, ve Vico Mantegazza'nın *Italiani in Oriente*, Roma 1922, adlı yapıtları bu temayı daha ziyade genel hatlarıyla işlemektedir.

9 *Italia* locası tam olarak 28 Mayıs 1863'te, "Torino (daha sonra da Roma) Maşrık-ı Azamı'nın himayesinde", açıldı: bkz. *Dictionnaire universel de la Franc-maçonnerie*, Daniel Ligou, Paris 1987, s. 1326, "Turquie" maddesinde; ayrıca bkz. Thierry Zarcone, *a.g.e.*, s. 212: İtalyan masonluğu tüm XIX. yüzyıl boyunca, merkezi yönetimden yoksun, obediyanslar arası anlaşmazlıklarla parçalanmış, tam bir anarşi içindeydi; İtalyanlar bu alanda da birliklerini oluşturma çabasındaydılar. 1862 yılında Torino'da kurulan İtalya Maşrık-ı Azamı 1865'de Floransa'ya, nihayet 1871 yılının sonunda da yeni devletin başkenti olarak ilan edilen Roma'ya taşındı. Ama, 1863'te İstanbul'da İtalyan sefiri ve Fransız locası "L'Union d'Orient"ın (Şark Birliği) yardımıyla oluşturulan ilk İtalyan locasının bu genç obediyansa mı, yoksa Torino Büyük Locası'na mı bağlı olduğu kesin olarak bilinemiyor. Yine de bu sonuncuya bağlı gibi gözüküyor. "Italia" adını alan bu mason locası hemen yoğun bir etkinlik göstermeye başladı. Özellikle de, 1864 yılında elli kadar öğrenciyi barındıran bir İtalyan okulunun kuruluşunda büyük rol oynadı; loca lokalinin giriş katı bu okula ayrılmıştı."

10 "[...] Bu olay Torino'da duyulur duyulmaz, İtalya sefiri Birader Caracciolo di Bella'ya bu locanın oluşumunu himaye etmesi, çabuklaştırması için alelacele yazı yazıldı" (*a.g.e.*, s. 201, not 62).

11 İngiliz ya da Fransız masonluğu ile karşılaştırılacak olursa, İtalya Maşrık-ı Azamı Türkiye'ye bir yüzyılı aşan bir gecikmeyle "ayak bastı". Paul Dumont'un da değindiği gibi -sorunu özenle incelemiştir- "Osmanlı masonluğu XVIII. yüzyılın sonlarına doğru doğdu, ama ancak 1850'den sonra, Tanzimat İmparatorluğu'nun Batı'ya siyasal, ekonomik ve kültürel açılışı sayesinde gelişmeye başladı. O dönemde, açık ve seçik olarak, bir "sömürge" masonluğunun çizgilerini taşımaktadır. Gerçekten de, Sultan'ın topraklarındaki düzinelerce locanın hiçbiri özerk değildir. Hepsi aralarında rekabet olan ve farklı ulusların çıkarlarını temsil eden çeşitli yabancı obediyanslara bağlıdır -İngiltere Büyük Locası, Fransa Büyük Locası ve Büyük Maşrıkı, İtalya Büyük Maşrıkı, Hamburg Büyük Locası, Yunanistan Büyük Maşrıkı ve başkaları."; bkz. P. Dumont, "La franc-maçonnerie ottomane et les "idées françaises" (l'époque des *tanzimat*), *Revue de la Méditerranée et du monde méditerranéen*, LII-LIII (1989), No: 2-3, s. 151.

ser beklentileri de aşarak, 125'e ulaştı. *Le Monde Maçonnique* adlı derginin İstanbul muhabirinin bildirdiğine göre, yeni doğmuş İtalyan mahfili "40 adet giriş talebini inceleyip soruşturmakla meşguldü", ve ayrıca, daha şimdiden, "bir Müslüman mollayı bile ayartmış olmakla" övünebilirdi.[12] Üyelerin bir listesinin ya da "geçerli bir liste"nin bulunmayışı, ne yazık ki, İtalyan masonluğunun Türkiye'ye yerleşmesini sağlayanların kimliklerine ulaşmamızı engelliyor.[13] Türk ya da İtalyan, her kim olursa olsun, kabul edilmek için "Mabetin kapısını çalmak"ta özgürdü. "Büyük Maşrık"ın mahfillerinde bireyler arasında hiçbir etnik köken, dil ya da din ayırımı gözetilmiyordu.[14] Kaynakların "suskunluğuna" karşın, locanın, İstanbul'daki İtalyan toplumunun dışında kalan belirli sayıda bireyi de masonluk yörüngesine çekmiş olması muhtemeldir. Bize bildirildiğine göre, Fransız mahfili *Union d'Orient*'ın[15] Üstad-ı Muhterem'i ve masonluk üstüne ilginç bir *pamphlet* de yazmış olan ünlü avukat Louis Amiable da üyelik için bir başvuru yapmıştı.[16]

1863 Mayıs'ında kurulan "*Società Operai di Muttuo Soccorso*"dan ("İşçi Yardımlaşma Derneği")[17] farklı olmayan İtalyan mason locası, çok

---

12 T. Zarcone, *a.g.e.*, s. 212.

13 *Bollettino del Grande Oriente*'nin bildirdiği isimlerden pek azını tanıyoruz: "İstanbul Maşrıkı'ndan *Italia* locası, genişlemesiyle olduğu kadar hayır işleriyle de tüm gerçek ve iyi masonların saygısını hak etmek için hiçbir olayı ihmal etmeyen, en eski ve övülmeye değer localarımızdan biridir. Bu mükemmel Işık merkezi [...] Boğaziçi kıyılarında İtalyan adını onurlandırıyor. Camondo, Salvotti, Veneziani, Mosè de Castro, v.b. Biraderler bu yörelerin masonları tarafından unutulmayacaklardır"; bkz. "Le logge italiana in Oriente", *Bollettino del Grande Oriente della Massoneria in Italia*, cilt II, yıl III (1867), No: 4-6, s. 184-185.

14 Bugün bile Masonluğun "Magna Carta"sı olarak kabul edilen ünlü Anderson Nizamnamesi'nin 2. maddesindeki açıklamayı anımsayalım: "Eski zamanlarda masonlar kendi ülke ya da uluslarının dinini uygulamak zorunda olmalarına karşın, artık herkesin kendi kişisel düşüncesinde özgür olması nedeniyle, çoğunluğun benimsediği dinin dışında, başka bir dinde özgürce ibadet etmek isteyenlere de baskı yapılmaması yerinde olacaktır." Metnin değişik baskıları arasında, bkz. DANIEL LIGOU, *Anderson's Constitutions- Constitutions d'Anderson 1723*, Paris 1990.

15 "İstanbul'un en girişimci localarından biri olan *L'Union d'Orient*'a, kuruluşundan altı yıl sonra, 1869'da 143 birader kayıtlı bulunuyordu"; diye belirtiyor Paul Dumont, "La franc-maçonnerie ottomane...", *a.g.e.*, s. 152. *Dictionnaire universel de la Franc-maçonnerie*'ye göre, s. 1326, "23 Ekim 1862'de kurulan [...], 23 Mart 1863'de açılan [...] *Union d'Orient* locası kısa sürede büyük bir önem kazandı [...], 1880'e doğru da tüm etkinliklerine son verdi".

16 L. Amiable, *De la situation maçonnique à Constantinople, en Grèce et en Italie*, Aix-en-Provence 1895.

17 Bu metin ana tüzüğün önsözünden alınmıştır: "Biraderler, [...] birlikten kuvvet doğar ve her ulusun büyüklüğü, şanı da buradan gelir. İşte bu nedenle, İtalyan kolonisin-

kısa bir süre içinde İstanbul'daki İtalyan toplumunun "sinir merkezi" haline geldi. Her iki dernek de Mazzini ile Garibaldi'nin[18] şahsında somutlaşan *Risorgimento* ülkülerinden esinleniyor ve bu ideali benimsiyorlardı. *Carboneria* aracılığıyla bu ülküler Osmanlı İmparatorluğu'na da sızmışlardı ve Türk-İtalyan ortaklığının "siyasal bagaj" diye tanımlayabileceğimiz tamamlayıcı parçasını oluşturuyorlardı. 1820-21 hareketlerinin başarısızlığa uğraması ve 1848 devriminin yenilgiyle sonuçlanmasından sonra, *Carboneria* ya da "*Giovine Italia*" saflarından gelen yüzlerce sürgün Türkiye'ye sığınmıştı. "Resmi belgesiz karaya ayak basmanın" güçlüklerine karşın, bu kişilerin neredeyse tümü burada, mahkûmiyetler ve zulümlerden uzakta, hayırsever bir konsolosluğun koruması altına girmeyi başardı.[19] Sürgünlerin bu toplu göçü İstanbul'daki İtalyan toplumunun tümü-

---

den bazı işçiler 3 Mayıs 1863 Pazar günü bir araya gelmiş ve *Società degli Operaj Italiani in Costantinopoli* (İstanbul'daki İtalyan İşçileri Derneği) adı altında bir Yardımlaşma Sandığı oluşturmaya karar vermişlerdir"; bkz. İstanbul İtalyan Kültür Enstitüsü için Adriano Marinovich tarafından hazırlanan monografi, *La Società Operaia di Mutuo Soccorso in Costantinopoli*, İstanbul 1995, s. 15. "*Società Operaia*" toplantı tutanaklarının incelenmesinde bana nezaketle yol gösteren Bay A. Marinovich'e burada teşekkür etmeyi bir görev bilirim; bu dernekle *Italia* mason locası arasındaki ilişkiler hakkındaki tüm bilgileri bu tutanaklarda buldum.

18 Giuseppe Garibaldi gençliğinde pek çok kez Türkiye'yi ziyaret etmişti. 1828 Ağustos'unda *Cortèse* adlı çektirideki yolculuktan sonra İstanbul'a ulaştı, hastalandı ve Nice'e geri dönemedi, "hastalığı tahmin ettiğinden de daha uzun sürmüştü"; Gustavo Sacerdote, *La vita di Giuseppe Garibaldi*, Milano 1933, s. 69 ve devamı. Giuseppe Zaccagnini'nin naklettiğine göre, "hasta olan Garibaldi, Nice'li bir hanım tarafından büyük bir sevgiyle ağırlandı [...], Luigia Sauvaigo'nun Pera'ya çıkan karanlık, basamaklı bir yol olan Linardi sokağının dibindeki bir evde bir okulu vardı [...] Bayan Sauvaigo'nun evi yıkıldı ve bu arsanın üstünde yükselen binanın cephesine Garibaldi'nin anısına taş bir levha çakıldı. 1888 yılında 18'i 19 Şubat'a bağlayan gece çıkan yangın duvarlar dışında tüm binayı kül etti, ama taş levha zarar görmedi [...] Kaptan Casabona'nın *Nostra Signora delle Grazie* adlı çektirisiyle [1831'de] İstanbul'dan ayrıldı" (*La vita a Costantinopoli*, Torino 1909, s. 78-80). Garibaldi ve Mazzini, 1863'de, İstanbul'daki "İşçi Derneği"nin onursal başkanlığına getirildiler; karş. A. Marinovich, *a.g.e.*, s. 17.

19 Türkiye'deki İtalyan "sürgünler" hakkında önerilebilecek çok az yapıt var; birkaç noktaya daha önce de değindiğimiz E. De Leone'de rastlıyoruz; bundan başka Carmelo Trasselli imzalı bir makale de bulunuyor, "Esuli italiani in Turchia nel dodicennio 1849-1860", *La Sicilia nel Risorgimento italiano*, I (1933), 1. fas. s. 3-9. Trasselli'nin, haklı olarak saptadığı gibi, siyasi sürgünler, "genellikle pasaportsuz olduklarından ve kendi konsoloslukları tarafından da kaderleriyle başbaşa bırakıldıklarından, Türk adli makamlarının takibine uğramadan Türkiye'de yaşayabilmek için Sardinya himayesini talep ediyorlar ve bunu da fazla güçlükle karşılaşmadan elde ediyorlardı. Bu, İtalyanlık propagandası yapmak ve özellikle de, İtalya'ya ve Dünya'ya karşı kendini tüm İtalyanların koruyucusu gibi göstermek isteyen Aydınlanmacı Piemonte Hükümeti'nin kullandığı yollardan biriydi"; karş. *a.g.e.*, s. 3. Teknik ya da

nü önemli ölçüde değişikliğe uğrattı[20] -ve daha da önemlisi- onun "siyasallaşmasında" belirleyici bir rol oynadı.

Ama, özellikle de 1848'in ertesinde, idari, mali ve askeri yönetimde düzenlenecek reformların (*Tanzimat*) arifesinde olan Anadolu kıyılarına "yeni ve daha kalabalık bir siyasal mülteci dalgası"[21] ulaştı. Bu ışık altında incelenince, "önemli kişilerin [.......] az çok içtenlikle Müslümanlığı benimsemeleri Türkiye'nin geleceği için çok olumlu bir olaydı, çünkü başka türlü gerçekleşmesi düşünülemeyecek olan yeni fikir ve yeni kıpırdanmaların Müslüman toplumuna büyük ölçüde girmesine olanak sağladı".[22] Yunanistan'da, Mısır'da, Malta Adası'nda, Cezayir'de ve Tunus'ta aynı zamanda meydana gelen bu kıpırdanmanın ardından Mazzini "söylemi" İtalyan göçmenler arasında yayılmaya başladı. Bu siyasal mülteciler içinde Toscana Büyük Dükalığı kökenli bir genç sivrilerek dikkatleri üzerinde topluyordu; bu kişi Adriano Lemmi idi.[23]

---

akademik birikimi olan İtalyan göçmenler, genellikle orduda, nazırlıklarda ya da hastanelerde görev alarak Osmanlı Devleti'nin hizmetine girdiler. E. De Leone'nin bir kez daha değindiği gibi, (*a.g.e.*, s. 176) - "İmparatorluğun tüm yapısında yararlı etkilerini hissettirdiler".

20 31 Aralık 1871'de yapılan İtalyan halkının genel nüfus sayımına göre, Osmanlı İmparatorluğu'nun başkentinde ikamet eden kraliyet uyrukluların sayısı 4.733'e ulaşıyordu, bunların 709'u Museviydi; karş. Attilio Milano, *Storia degli Ebrei Italiani nel Levante*, Floransa 1949, s. 187 ve devamı; Leone Carpi, "Notizie statistiche sull'emigrazione italiana all'estero dal 1869 al 1876", *Annuario statictico dell'emigrazione italiana dal 1876 al 1925*, Genel Göç Komiserliği, Roma 1926, s. 1538. Siyasal göç dalgasının büyümesine karşın, İstanbul'daki İtalyanların sayısı birkaç bini asla aşmadı. İtalyan varlığının oluşturduğu parabolün tarihteki en üst düzeyine -yaklaşık 11 bin kişi- ulaşması için 19. yüzyılı beklemek gerekiyordu. Karş. G. Zaccagnini, *a.g.e.*, s. 71: "Türkiye'de egemen olan ve salgın hastalık gibi her yanda biraz görülen büyük karışıklık göz önüne alınırsa, vatandaşlarımız da, zorda kalmadıkça, yaptırılması zorunlu konsolosluk kayıtlarına gereken önemi vermediği için, İtalyan toplumunun nüfusunu hiç kimse kesin olarak saptayamazdı. Gerçekten de, bana söylendiğine göre, sayımı yapılmış İtalyanlar yaklaşık sekiz bin civarında; ama, her tür denetimden kaçan üçte biri de bu sayıya eklemek pek de mantık dışı sayılmaz, böylece gerçeğe ulaşmak için, rakamı biraz yükseltmek yerinde olur".

21 E. De Leone, *a.g.e.*, s. 176.

22 *a.g.e.*

23 Hiç kuşkusuz, bu kişi üstünde kısaca durmak yerinde olacaktır, çünkü onun başından geçenlerle İtalyan masonluğunun yaşadıkları adeta iç içe geçmiştir. O dönemin diplomatik mektupları üzerinde sürdürülen bir araştırma sonucunda ortaya çıktığına göre, Lemmi, 1845 yılında gemiyle İstanbul'a gelmişti. Üzerinde de Livorno Kraliyet Hükümeti'nin pasaportunu taşıyordu. Büyük bir olasılıkla, Marsilya'dan yola çıkmıştı. Bu kentte 1844 yılında hırsızlık suçundan mahkûm edilmişti, oysa kendisi bunu sürekli olarak ve kesinlikle inkâr ediyordu. Alessandro Luzio'nun yazdığına göre, 1847 yılında onunla İtalya'da tanışan Giuseppe Mazzini, bu kişiyi "sadık, tepkici,

Birbirlerinden bağımsız olmalarına karşın, İtalya mason locasıyla "*Società di Muttuo Soccorso*" zorlayıcı nedenler karşısında ve genel çıkar gözetilen durumlarda işbirliği yapmaktan çekinmiyorlardı. 1865 yılında, korkunç bir salgın Boğaziçi'ni kasıp kavurup dört bir yana ölüm saçarken, masonlar ve İtalyan işçiler "koleralılar yararına" bir fon oluşturabilmek amacıyla harekete geçtiler. Bu yardım kampanyasına ek olarak "*Cafe Concordia*"da bir konser düzenlediler.[24] Bu dayanışma ruhu ileriki aylarda da

taşkın, liberal" bulduğu için, İstanbul'da cumhuriyetçi bir hücre oluşturmak üzere ondan yararlanmayı düşündü; *La Massoneria e il Risorgimento italiano*, Bologna 1925, II, s. 206.

1848 yılında, Lemmi adı kroniklere girme onurunu kazanıverdi. Bu sıralarda o da bir avuç taraftarın başına geçmişti. Bu davranışıyla, o dönemde Sardinya Elçiliği'ni destekleyen Romualdo Tecco'nun öfkesine hedef oldu; Tecco'ya göre, Lemmi ve taraftarları "İtalya'nın dostu sayılamayacak yabancı devletlerin elçilikleri" tarafından tutulmuş paralı ajanlardı. (Karş. E. De Leone, *a.g.e.*, s. 180 ve devamı); gerçeği söylemek gerekirse, bu olay söz konusu kişinin Mazzini'ye karşı beslediği içten bağlılıkla biraz çelişiyor; gerçek ve özgün bir biyografinin yokluğu nedeniyle Lemmi'nin pek çok "yanı" gözden kaçmıştır. Gerçekten de Aldo A. Mola'nın hazırladığı *Adriano Lemmi*, Roma 1985, başlıklı antolojik kitapta da, yapıtın tüm kalitesine karşın, Lemmi'nin biyografisine yönelik yeterli bilgi yoktur. Lemmi'nin girişimleri arasında, Lajos Kossuth'un Kütahya hapisanesinden kaçırılışını sayabiliriz; Macar vatansever ilginç bir stratejiyle özgürlüğüne kavuşturulmuştu. Pek de kolay sayılamayacak bu kaçışın başarısı Giacinto Bruzzesi'ye aitti. Bruzzesi -Bruno Di Porto'nun belirttiği gibi- "Lemmi'nin Mazzini ile Kossuth arasında yürüttüğü aracılık görevinde yer aldı. Gerçekten de 1851 yılında, orada sürgünde bulunan Macar temsilcinin bir kame üzerine portresini çizmek bahanesiyle Kütahya kalesine giren Bruzzesi, Mazzini'nin kaçış talimatlarını içeren mesajını Kossuth'a iletti. Aynı anda Kossuth da Avusturya ordusunda görev yapan vatandaşları için bir bildiri verdi: İtalyan devrimiyle dayanışma içinde olmalarını istiyordu. Mazzini taraftarları, 6 Şubat 1853'de Milano harekâtına katıldılar, belki de Doğu'da güçlenen İtalyan-Macar ilişkileriyle bağlantılı olarak, B. de (Bruzzesi) bu harekete katıldı"; karş. B. Di Porto, "Giacinto Bruzzesi", *Dizionario biografico degli Italiani*, Roma 1972, cilt XIV, s. 743; aynı zamanda bkz., Ugo E. Imperatori, "Giacinto Bruzzesi" *Dizionario degli Italiani all'estero (dal secolo XIII sino ad oggi)*, Cenova 1956, s. 61. Bağımsızlık savaşının sonunda İtalya'ya dönen ve pek de genç olmayan Lemmi, çok faal olmamakla birlikte masonluk alanında girişimlerde bulundu; bunun sonucunda da 1885'den 1896'ya kadar, "İtalya Maşrık-ı Azamı"nın Büyük Üstat'lığı görevini yüklendi.

24 Her şey, "*Società Operaia*"nın pek çok üyesinin de mason olduğunu düşündürüyor. Locaya bağlı bir heyetin ziyareti sırasında düzenlenmiş olan aşağıdaki tutanağın gözler önüne serdiği gibi, iki kuruluş arasındaki ilişkiler her zaman mükemmel değildi; bkz. "*Società Operaia Italiana di Mutuo Soccorso di Costantinopoli*" Arşivi, "Tutanak" kaynağı, 15 Nisan 1866: "Oturum sona erince, Başkan Yardımcısı, kolera salgını sırasında yapılan hizmetlerin anısına Bayrağımıza ve Derneğe ödül vermek üzere mason locasından bir heyetin gelmesinin beklendiğini belirtmekle yetindi, gerçekten de saat 10.30'da bu saygıdeğer heyet ile birlikte Sek(reter) Kont Greppi'nin gelişiyle onurlandık. Sekreter Veneziani yardımlarımızı öven tutarlı ve güzel söylevi-

meyvelerini vermeyi sürdürdü. Loca da, sözü edilen "kolera" salgını sırasında gösterdiği çabalardan dolayı bir minnettarlık ifadesi olarak, "İşçi Derneği" üyelerinin çocuklarını kendi İtalyan okuluna kabul etmeye karar verdi".[25]

Çizme ile olan pek büyük uzaklığa ve sayısız ulaşım sorununa karşın, İstanbul'daki "biraderler", 1867 yılının Haziran ayında Maşrık-ı Azam tarafından toplantıya çağrılan "Yüksek Şura"da yer alabilmesi için Napoli'ye bir sözcülerini -Couture Amedeo adlı kişi- yollamaktan geri kalmadılar.[26] Aynı yıl içinde, üyeler locanın lağvedilmesine, yeni ve arzulanan bir isimle, *Italia Risorta* (Yüce İtalya) adı altında hemen bir yenisinin oluşturulmasına çoğunlukla karar verdiler.[27]

ni okudu. Bu konuşma herkes tarafından beğenildi ve alkışlandı; ama, bayrağımızı pek güzel iki şeritle bezeyeceği sırada, üyelerimizden biri, Başkan Yardımcısına, daha önceden bu bantların kabul edilip edilmeyeceğini öğrenmek için Derneğin aranıp aranmadığını sordu ve kendi konumundan gurur duyan işçiye böyle bir ödül verilemeyeceğini ekledi, çünkü *Mason Locası bizim derneğimizden daha üstün değildir,* dedi (İtalikler bize aittir).

25 "*Società Operaia Italiana di Mutuo Soccorso di Costantinopoli*" Arşivi, "Tutanak" kaynağı, 17 Eylül 1865: "Acımasız salgın bu ülkede çok sayıda kurban alırken derneğimizin yaptığı çalışmalara teşekkür eden İtalyan mason locası, üye işçilerin çocuklarından 10 tanesini adı geçen locanın parasız eğitim veren okuluna kabul etmeyi öneriyor. Bu karar için başkan yardımcımıza başvurulacaktır. Salgın yüzünden ihtiyaç içinde kalan ailelere yardım nedeniyle derneğimizin düzenleyeceği yapımın [Gösteri diye okuyun] gelirinden yangın felaketine uğramış olanları da yararlandırmanın yerinde olacağına inanıyoruz. Yapacağımız tahsilatı *Cafe Concordia*'da düzenlenen konser akşamı Bay Rizzi'nin bağışladığı 7000 P. [Piastre (kuruş) diye okuyun] ile birleştireceğiz ve koleraya yakalananlar yararına mason locasının verdiği yardım parasından arta kalanı da bu miktara ekleyeceğiz. Böylece oluşturulacak fon, adı geçen başkan yardımcısının da aralarında yer aldığı Kolera Daimi Komisyonu tarafından ihtiyaç sahiplerine dağıtılacak. Başkan yardımcısı hangi ailelerin daha çok sıkıntı içinde olduklarını [!] sormakla yükümlüdür. Bunun için yardım yapılacak kişinin adını, evini ve numarasını öğrenmek amacıyla kuruluşa başvurur. Bu kişilerin gerçekten ihtiyaç içinde olup olmadıklarını ve ne kadar paraya gereksinimleri olduğunu denetleyip doğruluğunu saptamak başkan yardımcısının görevidir [...] Basılıp yayımlanan bildiriler "Mason Locası'nın Katkılarıyla" ibaresini taşıyacaktır."

26 Karş. "Elenco generale dei FF∴ rappresentanti le Logge e Corpi massonici intervenuti nell'Assemblea legislativa e costituente, tenutasi in Napoli li 21,22 e 23 Giugno 1867 (E∴ V∴)", *Bollettino del Grande Oriente della massoneria in Italie,* c. II, yıl III (1867), fas. 1-5, s. 71.

27 *Dictionnaire universel de la Franc-maçonnerie, Italia* locası "iç çatışmalar nedeniyle" kılıf ve isim değiştirmek zorunda kaldı, diye belirtiyor; "Turquie" maddesi, s. 1326. Burada bildirildiğine göre yeni loca 28 Şubat 1868'de açıldı. *Italia Risorta* locasının doğuşu hakkındaki resmi kaynaklarda bile tarih konusunda bir fikir birliği yok. 1890 yılında Roma'da yayımlanan *Strenna della Rivista della Massoneria italiana*'ya göre R∴L∴M∴C∴ [Sayın Ana Loca Kurulu] *Italia Risorta* 1869 yılının 10

Yeni loca, öncekilerden farklı olarak, çok uzun süre yaşadı ve inişler çıkışlar arasında, Mustafa Kemal Atatürk'ün Türkiye Cumhuriyeti'nin kuruluşuna kadar sürdü (1923). Artık dağılmış olan *Italia* locasının izinden giden Maşrık-ı Azam üyeleri, kendi toplumlarının en zayıf, yoksul tabakalarını destekleme işini sürdürdüler. Masonlar, yeni dönemin kalıntıları altında bile, İtalyan dilinin öğretilmesini ve yayılmasını teşvik etmekten geri kalmadılar.[28] Bunun için de Pera ve Pancaldi (şimdiki Pangaltı)[29] semtlerinde düzenlenen kurslara "500 Sterlin verdiler". Haber, *Rivista della Massoneria italiana*'da görev yapan makale yazarlarının kulağına ulaştı; bu kişiler de, o zamana kadar öncelikli hedeflerinden birinin eğitim olmasıyla tanınan Maşrık-ı Azam'ın çabasına olanak sağladıkları için *Italia Risorta* Sayın Locası'nın Biraderlerini" övmekte gecikmediler. Başka bir deyişle, buradaki amaç şuydu: "İşçinin anadiliyle birlikte genellikle anavatanıyla ilgili duygularını da yitirdiği yerlerde, *özellikle de buna en çok gereksinim duyulan kolonilerde*, laik okullar kurarak halk çocuklarının zihnini açmak".[30] "Bu birliğin davranışı - diye sürdürüyor *Rivista*- dünyanın tüm Masonları tarafından bilinmeli ve takdir edilmelidir".[31]

Italia Risorta locası bölgede faaliyet gösteren öbür mahfillerle olan ilişkilerini de yoğunlaştırdı; ilk önce İngiliz Masonluğuna ve Fransa Maşrık-ı Azamı'na bağlı olanlarla işe başladı. Bu şekilde, "Maşrıklar" arasındaki rekabetin neden olduğu kaçınılmaz yarışı, bir ölçüde de olsa, orta-

Mart'ında "eski *Italia* locasının unsurlarıyla" kuruldu (s. 156-157). Aslına bakılacak olursa, tarihlerin her ikisi de yanlıştır; *Italia Risorta* locasının kuruluş yılı olarak belirtilen 1867 tarihi daha akla uygun görünmektedir, çünkü aynı locanın mühründe bu tarih belirtilmiştir (bkz. resim 8). Burada damga 23.08.1881 tarihli bir mektubun alt bölümüne basılmıştır. Bu mektupla Üstad-ı Muhterem Antonio Geraci, Ulisse Bacci'ye Milano Mason Kongresi'nde *Italia Risorta* Büyük Locası'nın temsilciliğine atandığını" bildiriyordu; bkz. ASGOI, kaynak "U. Bacci".

Bu locanın öyküsüyle ilgili olarak yeni bir makale yazdık, bunu da okuyucularımıza duyuruyoruz: Angelo Iacovella, "La Massoneria italiana in Turchia: la loggia *Italia Risorta* di Costantinopoli" (1867-1923)", *Studi Emigrazione / Etudes Migrations*, XXXIII (1996), No: 123, s. 393-416; bu yazıya ek olarak tüm üyelerin doğdukları kentleri ve mesleklerini de gösteren bir liste yer alıyor (Bkz. Bu bölümün sonu).

28 Karş. "Le Scuole laiche Italiane a Costantinopoli e la R.·. L.·. *Italia Risorta*", *Rivista della Massoneria italiana*, XXI (1890), No: 11-12, s. 181 ve devamı. T. Zarcone'a göre, *a.g.e.*, s. 212, "pek çok İtalyan okulunun açılışına öncülük eden Germano Marchese, Garibaldi'nin yardımcılarından biriydi."

29 Pangaltı semti bugün Harbiye ile Şişli arasında kalır. Bu Türkçe "Pangaltı" ismi, "Pani caldi" deyiminden türemiştir. Bir dönemler o yörede çok sayıda İtalyan ekmek (*pani*) fırını bulunurdu.

30 "Le Scuole laiche Italiane a Costantinopoli...", s. 181 (İtalikler bize aittir).

31 *a.g.e.*

dan kaldırmaya çalıştı.[32] Diğer bir amaç da masonluğun alışılmış törensel görevlerinin yerine getirilmesinde görülen biraz farklı anlayışı yok etmekti.[33] Yardım amacıyla düzenlenen şenlikler, nezaket ziyaretleri ve diğer resmi buluşmalar İtalyan masonluğu ile Fransız locası *L'Union d'Orient* arasındaki bağların güçlenmesine yardımcı oldu. *L'Union d'Orient*'ın Üstad-ı Muhterem'i de Louis Amiable'den[34] başkası değildi. Aynı şey İngiltere Büyük Locası ile ilişkiler için de söylenebilir. 1887'de, İngiltere Büyük Locası ile İtalya Büyük Maşrıkı arasındaki dostluğu daha da pekiştirmek için, *Bulwer No. 1193*[35] locasından bir heyet "İngiliz ana tüzüğünce kabul edilen Masonluk beratını"[36] sunmak üzere o dönemdeki Üstad-ı Muhterem Antonio Geraci'yi ziyaret etti. Bu görüşme, Arnavutköy'ü yer-

32 Aldo A. Mola'nın tam yerinde belirttiği gibi, "İtalyanca konuşan localar yurtdışında, diğer devletlerin Büyük Locaları ya da Maşrıkları ile bir boy ölçüşme -ve dolayısıyla da gerilim- alanı oluşturuyorlardı. Örneğin, Tunus Maşrık-ı Azamı'nı ele alalım [...], gelecekteki sömürge topraklarında kendi yetkisini ispatlama eğiliminde olan Fransa Maşrık-ı Azamı ile *açık bir zıtlık içindeki İtalyan toplumu arasında beliren olaylar.* (...) 1880 yılında Mısır'daki localar konusunda Roma ile Londra arasında sorunlar çıkmıştı; oysa İstanbul'daki mason varlığı konusunda büyük bir uyum içindeydiler"; karş. A. A. Mola, *a.g.e.*, s. XXXII, not 53.

33 Bu konuda Louis Amiable'ın İngiltere Büyük Locası'na yönelttiği eleştirileri görüyoruz. Fransızlar İngilizleri, tekris törenlerine "kozmopolit olamayacak kadar dinsel bir nitelik" katmakla suçluyorlardı. Amiable'ın belirttiğine göre (*a.g.e.*, s. 6), dini giysileri içindeki kilise papazının varlığı [...] özellikle İngiliz uyruğu olmayanları soğutuyordu. *Worshipful master*'ın (Üstad-ı Muhterem) önüne sürekli olarak yerleştirilmiş duran İncil [...] bazı kuşkular uyandırmıyor değildi. Tesadüfen bir Müslüman ya da bir Musevi kabul edilecek olsa, bu kitabın o anlık boş sayfalardan oluştuğuna ve onu öperken, aklından bu saygıyı kendi dininin özellikle kutsal saydığı kitaba gönderebileceğine inandırılıyordu.

34 Bkz. yuk., 16. ve 33. notlar.

35 1865 yılında Kahire'de kurulan adaşı *Bulwer No. 1068* locasıyla karıştırmamak gerekir, bunun için bkz. F. D. Stevenson Drane, "Freemasonry in Egypt (bölüm 1)", *Ars Quatuor Coronatorum*, LXXXI (1968), s. 210 ve devamı; ve ayrıca *Cosmopolitan Masonic Calendar and Pocket Book for 1873, Being a Comprehensive Masonic Book of Reference, Containing Lists of Lodges in the United Kingdom, France, Germany, Italy. .... together with Full Particulars of Every Grand Masonic Body Throughout the Globe*, Londra 1873, s. 108. Bu temel mason yıllığının belirttiğine göre (s. 239-243), daha 1873 yılında yurtdışında 15 tane İtalyan locası bulunuyordu: Tunus, Trablusgarp, İskenderiye, Kahire, Süveyş, İstanbul, Selanik, İzmir, Manisa, Vathi, Lima, Buenos Aires, Montevideo, Salto (Arjantin) ve Florida (Şili).

36 "Bienfaisance maçonnique", *Rivista della Massoneria Italiana*, XVII (1887), No: 19-22, s. 163-164; "Bulletin pour l'étranger" adlı bölümde, *Rivista* olayı şu sözcüklerle belirtiyordu: "İstanbul'da yayımlanan *Stamboul* gazetesinde şunları okuyoruz: Geçen hafta, *Italia Risorta* Locası'nda kalabalık ve ilginç bir toplantı yapıldı [...] İtalyan locasının Başkanı Muhterem Birader A. Geraci'ye, *Bulwer* Locası'nın üyelik beratını sunmak için gelen İngiliz *Bulwer* Locası'ndan bir heyet kabul edildi".

köy'ü yerle bir eden müthiş yangından birkaç gün sonra, *Bulwer Lodge*'un Muhterem'i Bahriye Feriki Woods Paşa'nın huzurunda gerçekleşti. Toplantı sırasında, *Stamboul* gazetesinde yayımlanan bir yazıdan öğrenildiğine göre, "yangın kurbanlarının en acil gereksinmelerini karşılayabilmek için gerekli önlemlerin alınması" konusunda anlaşmaya varıldı. Geleneksel törenlerden sonra, İtalyan masonların, "toplantıyı neşelendirmek"[37] amacıyla hokkabazlık ve çeşitli el çabukluğu hünerleri de sergiledikleri geleneksel "biraderler ziyafeti" ile toplantı son buldu.

Demek ki 1867'den sonra, yeni kurulan İtalyan mahfili, Odessa Limanı'nda[38] bir "şube" açmanın yollarını ararken, İstanbul halkı arasında da yeni taraftarlar kazanmaya çalışıyordu. *Italia Risorta* locası 56 yıllık etkinliğinin (1867-1923) içine, toplam 245 katılım sığdırmıştı; bu arada uzun durgunluk dönemleri de yaşanmıştı. "Birliğin Ana Matrikül Defteri"nde yer alan üyelerin kesin sayısı tarafımızdan dikkat ve özenle incelenmiştir. Yukarıda belirtilen sayı gerçek sayıdan, özellikle bu kaynaktaki boşluk ve eksiklikler de göz önüne alınırsa, -büyük bir olasılıkla- ancak düşük olabilir.[39]

Loca'nın etkin kişileri arasında özellikle değinilmeyi hak edenler: mimar Alessandro Vallauri; mühendis Angelo Gallerini; ressam Antonio Callegari; müzisyen Enrico Furlani; doktor Riccardo Zeri, İtalyan Hastanesi'nin müdürü; Carmelo Melia, Büyükelçilik'te ticari ataşe; konsolos yardımcısı Giuseppe Rosset; müteahhit Raffaello Ricci; cerrah Emilio Cipriani, Kraliyet Senatörü, aynı zamanda "İtalyan Masonluğu"nun Fahri Büyük Üstadı".[40] Cipriani'nin 1884 ilkbaharında "Ebedi Maşrık'a" yö-

37 *a.g.e.*

38 "Delege Birader Gerace (Geraci)'nin, İtalya Maşrık-ı Azamı obediyansına bağlı olarak Odessa'da bir loca oluşturmak için çalışmalar yaptığını biliyoruz - bu önemli çalışmaya başarılar diliyoruz"; bkz. "Costantinopoli", *Rivista della Massoneria Italiane*, III (1872), No: 8, s. 13. Burada, hiç kuşkusuz, 1872'den sonra izi tümüyle kaybedilen *Stella della Giustizia* (Adalet Yıldızı) adlı locadan söz ediliyor.

39 "Matrikül Defteri"ndeki bilgiler 1874'den sonraki tarihlere aittir ve tam değildir. Örneğin *Italia Risorta* locasında Emilio Cipriani'nin adı yer almamaktadır. Bununla ilgili olarak bkz., aşağ., 41. not.

40 Bu "saygın" kişilerle ilgili başka ayrıntılı bilgi için, bkz. Angiolo Mori, *Gli İtaliani a Costantinopoli*, Modena 1906, s. 175, 182, 245, 256 ve kitapta değişik yerlerde, ayr. karş. Angelo Iacovella, "La Massoneria Italiana in Turchia: la loggia *Italia Risorta* di Costantinopoli (1867-1923)", s. 404 ve devamı. 1882 yılında, İstanbul'daki "Capitolo Rosa Croce" (Güllü Haç Meclisi) -o sırada Maşrık-ı Azam localarının sekreteri olan- Ulisse Bacci'nin başarılı çalışmalarından dolayı "*Italia Risorta* Büyük Locası'nın şeref üyeliğine" atanmasını onayladı. Bu nedenle Bacci'ye verilen mason diploması, bu türde günümüze kadar ulaşabilmiş tek belgedir. Günümüzde "U. Bacci" Kuruluşunun belgeleri arasında yer almakta ve ASGOI'de saklanmaktadır; tek belge oluşu nedeniyle, onu burada yayımlamanın yararlı ve ilginç olacağını düşündük (bkz. Resim 4).

nelmesinden sonra, üstlendiği yüce görevler nedeniyle Biraderler kendisine saygı ve minnettarlıklarını sundular. "Hatip Birader" Giorgio Furlani'nin anma töreninde yaptığı konuşmadan kısa bir bölüm:

> Uzun yıllar boyunca Pera'da [.....] konuğumuz olan ve ölümüyle binlerce ve binlerce vatandaşımızla dostumuzu acılara boğan bu muhterem yaşlı adamı içinizde anımsamayan var mı? 1848 yılında, Lombardia [......], Montanara ve Curtatone'deki savaş çığlığına koşan Toscana üniversiteliler taburunda yer alıyordu. Daha sonra, Büyük Dükalık Hükümeti tarafından sürgün edilince, İstanbul'a geldi. Burada hekimlik-cerrahlık mesleğinde gerçek bir üne kavuştu.[41]

8 Haziran 1885 tarihinde yapılan büyük toplantıda Osmanlı ileri gelenlerinden Mahmud Celaleddin Bey (matrikül numarası 5038) törenle birliğe kabul edildi; ardından, Jön Türk hareketinin gelecekteki önde gelen temsilcisi Mehmed Reşat Paşa da[42] birliğe katıldı. Son olarak da, Musevi dininden çok sayıda kişi üye olmuştu. Masonluğa kabul edilen bu kişiler, kendi azınlık kimliklerini ifade edebilecekleri ve sergileyebilecekleri ilk ve belki de tek dindışı kuruluşu fark etmişlerdi.

Bu arada, İtalya Maşrık-ı Azamı başkentin surlarını çoktan aşmış ve Anadolu kıyıları boyunca ve Makedonya'ya dal budak salmış, ulaştığı her yerde "Evren'in Ulu Mimarı'nın Zaferi" için çalışmak isteyen "biraderlerle" karşılaşmıştı.[43] Makedonya'da İtalyan masonluğunun kök salıp yerleşebilmesi için koşullar fevkalade elverişliydi.[44] On dokuzuncu yüzyılın

41 "1859'un ilk hareketleriyle Toscana'ya döndü [...]. Üzücü Aspromonte olayından sonra, öbür değerli hekimlerle birlikte Cipriani de, Garibaldi'nin bacağındaki kurşunu çıkarmak için yapılan ameliyata katıldı [...]. 1867 yılında Garibaldi'nin seferinde, Emilio Cipriani sağlık görevlilerinin başındaydı [...]. 1878'de İstanbul'a döndü ve Cairoli'nin nazırlığı sırasında Kraliyet senatörlüğüne atanıncaya kadar da orada kaldı"; bkz. "Commemoranze funebri della Rispettabile Loggia *Italia Risorta*", *Rivista della Massoneria italiana,* XV (1884), No: 25-28, s. 206 ve devamı.

42 Mehmed Reşad, Şura-yı Devlet üyesi sıfatıyla, 1908-1909 devriminden hemen sonra İtalya'ya giden Jön Türk heyetine seçildi. Karş. Enrico Catellani, "La visita degli Ottomani. Il significato e i propositi", *Rivista Coloniale,* V (1910), I, fas. 5, s. 121-130. Bu ziyaretin masonlukla ilgili "perde arkası" için kitabın II. bölümüne bakınız.

43 İtalyan masonluğuna ait diploma ve resmi belgelerdeki tanıtım yazısında görülen "A.·. G.·. D.·. G.·. A.·. D.·. U.·." kısaltmalarının anlamıdır. (Eski Türkçe'de Sanii Azam-ı Kâinat denirdi-y.n.)

44 Tarihçi Eduardo Enriquez Del Arbol, Jön Türk devrimi sırasında Selanik'teki İspanyol (ve İtalyan) masonluğunun yayılışı üzerinde uzun uzun durur, ama daha öncesine değinmez; bkz. "Masoneria y diaspora Sefardi en el siglo XX: el origen de las logias ottomanas (1907-1909)", J. A. Ferrer Benimeli (ed.) *Masoneria Espanola y America (V Symposyum Internacional de Historia de la Masoneria Espanola, Caceres, 16-20 Eylül 1991),* Saragosa 1993, s. 551-590.

ikinci yarısına gelinmiş ve Selanik, 100 bini aşan nüfusunun verdiği güçle, tüm Akdeniz'in en hatırı sayılır merkezlerinden biri olmuştu.[45] Bu Balkan limanı, büyük bölümü önceki yüzyıllarda Doğu'ya yerleşmiş Sefarad Yahudileri'nden oluşan İtalyan asıllı eski bir topluma da ev sahipliği yapıyordu.[46] Makedonya locası burada 1864 yılında kurulmuştu ve bu hareketin öncülerinin sayısı daha ancak bir elin parmaklarıyla sayılırken, bu kişilerden biri de, Britanya Majesteleri'nin konsolosu John Elia Blunt'tan[47] başkası değildi!..

İtalyan masonluğu İzmir'de daha da hızlı gelişti. Tüm *Risorgimento*

---

45 İstanbul ve İzmir'in arasında, her iki kente de eşit uzaklıkta (yaklaşık 1300 km.) yer alan Selanik'in elverişli konumu, hem Rumeli için depolama açısından gerekli bir iskele, hem de Çizme'nin Karadeniz ve Akdeniz ticaretinde bir ulaşım noktası olmasını sağlıyordu. Geniş topraklarından sağlanan ürünler ve limanına yanaşan gemilerden boşaltılıp depolanan, aralarında hammaddelerin de bulunduğu mallar daha sonra Arnavutluk'a, Bosna'ya, Sırbistan'a, Teselya'ya, Tuna boylarına, Karadeniz'e ve Akdeniz'e gönderiliyordu [...]. Nüfusu 100 bine yakındı ve bu nüfusun 90 bini Osmanlı uyruklarından, geri kalanı da, çoğunluğu Yunanlı ve İtalyan olmak üzere, yabancılardan oluşuyordu. En kalabalık millet, yaklaşık 65 bin kişiyle Musevilerdi; geri kalan bölüm, 18 bin Müslüman, 12 bin Yunanlı, 3 bin Bulgar, bin Katolik ve 100 kadar da değişik mezheplerden Protestanlardan oluşuyordu"; Enrico Chicco, *Memorie sul Levante*, Torino 1874, s. 107.

46 1871 yılında (genel nüfus sayımı) İtalyan uyruğundaki Selanikli Musevilerin sayısı 1336 üstünden 472'ye ulaşıyordu; karş. "Statistica israeliti italiani all'estero", *L'Educatore israelita*, XXI (1873), s. 289-230; Attilio Milano, *a.g.e.*, s.187 ve kitabın değişik bölümleri. Musevilerin Selanik'e göçü konusunda, M. G. Ottolenghi'nin yazışmaları incelenmelidir, "Gli Ebrei di Salonicco", *a.g.e.*, s. 150-152. Bundan başka, genel bir çerçeve içinde Simon Swarzfuchs'un denemesi, "La 'Naziona Ebrea' Livournaise au Levant", *La Rassegna Mensile di Israel*, L (1984), No: 3, s. 707-724; Selanik'ten İtalya'ya dönüş göçü hakkında, bkz. Samuele Varsano'nun düşünceleri, "Ebrei di Salonicco immigrati a Napoli (1917-1940): una testimonianza", *a.g.e.*, s. 119-126.

47 Selanik'teki *Makedonya* locasının asıl 17 kurucusunun listesini aşağıda sunuyoruz: Blunt John Elia; Castellani Giuseppe; Gherardi Domenico; Gherardi Giuseppe; Giorgewich Giovanni; Levunis Temistocle; Marchesini Anastasio; Mosseri Iacov; Neri Pietro; Pereira Enrico; Rindilides Demetrio, Rossi Antonio; Routh Augusto; Scardurra Giuseppe; Tocchi Adolfo; Valler Carlo; Vignolo Costantino: karş. ASGOI, kaynak "Matrikül Defterleri", matrikül no. 1380-1396; ayr. karş. "Le logge italiane in Oriente", a.g.e., s. 185: "Selanik Maşrıkı'ndan *Makedonya* locası, Birliğin ve İnsanlığın iyiliği için hararetle çalışmayı sürdürdü. Bir meclis kuruldu ve yeni localar oluşturuluyor. Geçen Kasım ayında, loca lokalinde yoksullara sürekli ve ücretsiz ilaç temini için ilaç dağıtan bir dispanser açılarak koleralılara büyük ölçüde yardım yapıldı. İki hekim, Fernandez ve Pereira Biraderler bilgilerini hastaların yardımına sunarak özellikle sivrildiler. Bu arada öbür Biraderler de hastaların yiyeceklerini götürmek için yoksulların barındığı harap evleri kapı kapı dolaştılar, loca mahfillerinin bulunduğu yerlerde de hastalığa yakalanmamış ihtiyaç içindeki fakirlere gıda maddeleri dağıtıyorlardı".

boyunca, bu Ege kentinin politik ya da apolitik İtalyan "diaspora"sının[48] ayrıcalıklı varış noktalarından biri olması boşuna değildi. Yine 1864 yılı içinde, Bolognalı Anacleto Cricca, İzmir Maşrıkı'nda *Stella Jonia* (İyonya Yıldızı) adlı İtalyan kökenli ilk mahfilin temellerini attı.[49] Paul Dumont'un kaydettiği gibi, üyeleri geceleri "eski Artemis Mabetinde" toplanma alışkanlığını edinmişlerdi.[50] İyonya Yıldızı'nın kuruluşundan sonra, biri Manisa'da[51] ve üçü de İzmir'de olmak üzere dört yeni mahfil daha kuruldu: İzmir'dekiler *Fenice* (Anka) (1867), *Orhaniye* (1868) ve *Armenak* (1872)[52] adlarını almışlardı. Bu localardan

---

48 İzmir'deki İtalyan toplumuyla ilgili bibliyografya oldukça sınırlıdır. Kraliyet Başkonsolosu Archimede Battesini'nin 22 Şubat 1892 tarihli raporu son derece ilginçtir; *Emigrazione e Colonie: rapporti di RR. Agenti diplomatici e consolari*, Dışişleri Bakanlığı yay., Roma 1893, s. 541-548. Aynı konu hakkında: Enrico Chicco, *a.g.e.*, s. 1-10; Livio Missir Di Lusignano, "La collettivita italiana di Smirne", *Storia Contemporanea*, XXII (1990), No: 1, s. 147-172; Marie-Carmen Smyrnelis, "Gli Italiani a Smirne nei secoli XVIII e XIX", *Altreitalie*, VI (1994), No: 12, s. 39-59. Attilio Frangini'nin o çok ilginç kitabı ise piyasada bulunamamaktadır; *Italiani in Smirne*, Bologna 1903.

49 *Stella Jonia* (İyonya Yıldızı) Locası'nın kökeni, *Pitagoras* diye adlandırılan Eski ve Kabul Edilmiş İskoç Riti'ne bağlı bir İtalyan-Yunan Locasına bağlanmaktadır. Sözü edilen *Pitagoras* Locası 1868'in Kasım ayında "İtalya Maşrık-ı Azamı"na katılmak istemiştir; karş. "Asia Minore", *Bollettino del Grande Oriente della Massoneria in Italia*, cilt II, yıl III (1868), fas. 12, s. 441: "Masonluğun zaferi ve İnsanlığın genel iyiliği için düzenli olarak çalışmak isteğiyle dünyaya dağılmış yedi Birader, İtalyan masonlarının ortak merkezinde bir araya getirilmek için ricada bulundular. Yüksek Şura ve İtalya Maşrık-ı Azamı'nın obediyansına bağlı olarak, Vathi (Sisam adasının başkenti) Maşrıkı'nda *Pitagoras* adı altında bir loca oluşturmak için gerekli kuruluş tüzüklerinin kendilerine sağlanmasını arzu ediyorlardı".

50 Paul Dumont, "La franc-maçonnerie dans l'Empire Ottomane. La loge grecque Prométhée à Jannina", *Revue de la Méditerranée et du Monde méditerranéen*, LXVI (1992, 1994) No: 66, s. 106: "Geçen yıl, önce İtalyan Maşrık-ı Azamı'nın himayesi altında [...] İzmir'de kurulan *İyonya Yıldızı*, belirli bir süre, eski Artemis mabetinde toplanma ayrıcalığından yararlandı".

51 *Magnesia* (Türkçede Manisa) yöresi İzmir'in kuzeyinde yer alır. Loca, ilginç bir şekilde, kurucusu Anacleto Cricca'nın adını taşıyordu. Karş. "Logge dell'Asia Minore", *Bollettino del Grande Oriente della Massoneria in Italia*, cilt II, yıl III (1867), fas. 1-5, s. 185: "Manisa Maşrıkı'nda, yeni locanın mabetine yerleşmesi ve kutsanması nedeniyle görkemli ve parlak bir mason töreni yapıldı. *İyonya Yıldızı* ile Fransa ve İngiltere gibi dostumuz ve bağlaşığımız olan öbür Maşrık'ların localarına bağlı yüzden fazla Birader, İzmir'den demiryoluyla Manisa'ya geldiler ve törene katıldılar".

52 Karş. "Smirne", *Rivista della Massoneria Italiana*, III (1872), No: 13, s. 14-15. Türkçe konuşulan bir loca olan *Orhaniye*, 158 No.lu kararname ile, "Roma Maşrıkı'ndan Tiber Vadisinde, Muhterem Loca'nın 000872 yılının ilk hilalinin sekizinci gününe rastlayan ve halk dilindeki karşılığı 8 Mart 1872 olarak bildirilen tarihte"

birincisi Rumlara, ikincisi Türklere, üçüncüsü de Ermenilere yönelikti. Anacleto Cricca'nın dediğine göre, bu üç ayrı mahfil "işleri kolaylaştırmak, değişik dillerin neden olduğu güçlükleri ortadan kaldırmak, sürekli ve yinelenen çeviriler yüzünden zaman kaybını önlemek için" oluşturulmuştu.[53]

Cricca da, biraderlerinin çoğu gibi, daha iyi günlerin beklentisi içinde, 1849 yılında İtalya'yı terk etmişti. Kendi kaleme aldığı ilginç yaşamöyküsünde[54] anlattığına göre, Ancona'dan bir brikle (iki direkli yelkenli gemi - y.n.) ayrıldı ve önce Korfu'ya (Daniele Manin, Luigi Mercantini ve Nic-

Büyük Üstat Giuseppe Mazzoni tarafından lağvedildi; Karş. "Decreto n. 158", *Rivista della Massoneria italiana*, III (1872), No: 5, s. 4-5: "İzmir Maşrıkı'nda, Büyük Orhaniye Locası'nın bağrında meydana gelen ciddi olaylar ve ortaya çıkan anlaşmazlıklar göz önüne alınıp; böylesine verimli bir Loca'ya yeni ve yararlı bir varlık kazandırmak gerektiği inancıyla; pek iyi olmayan bu unsuru bütünden bir an önce ayırmanın en iyi yol olacağı düşünüldü". *Armenak* locasının Ermeni olmayan pek az üyesinden biri olan Messinalı Letterio Carminiti, ölüm döşeğinde, şaşırtıcı bir olayın kahramanı oldu: "Messinalı ve 32 yaşındaki, evli ve beş çocuklu Letterio Carminiti aramızda namusuyla yaşadı, mesleğinden sağladığı mütevazı kazançla ailesinin gereksinimlerini karşılıyordu. Müzik öğretmeni olan ve klarnet çalan bu kişi iki yıldır *Armenak* locasına üyeydi, sürekli olarak da aşk ve şevkle çalışmalara katılıyordu. Geçtiğimiz kış hastalandı ve kendisine yapılan tüm tedavilere karşın gırtlak hastalığı hızla ilerledi. Geçtiğimiz 14 Mart (1873) Perşembe günü, kim tarafından içeri alındığı bilinmeyen, Fransisken tarikatından bir rahip, ölmek üzere olan zavallı adamın yatağına yaklaştı; ve kaba bir şekilde günah çıkarması gerektiğini çünkü artık yalnızca iki saatlik ömrü kaldığını söyledi. Yoksa, ebediyen lanetleneceği gibi, cesedi de sonsuza dek mezar yüzü görmeyecekti. Zavallı Carminiti konuşamayacağını, kendisini rahat bırakmasını işaretle anlatmaya çalıştı. Bunun üzerine rahip cübbesinin cebinden bir kâğıt çıkardı ve imzalaması için hasta adama uzattı. Carminiti, feri kaçmış gözlerle yazıyı okumaya çalıştı ve masonluktan ayrıldığını gösteren bir belge olduğunu anlayınca, onu öfkeyle itti ve insanüstü bir çaba harcayarak, rahip kılığına girmiş bu şeytandan kendisini kurtarması için G.·.A.·.D.·.U.·. (Evrenin Ulu Mimarı'na) seslendi. Fransisken tarikatından olan rahip aforoz edilmiş masona lanetler yağdırıp bağırarak kaçtı. Bu iyi yürekli Birader Carminiti de çok kısa bir süre sonra [...] gözlerini ebediyyen yumdu. *Armenak* locası vefat eden Birader'in anısını onurlandırmak için bir anma toplantısı düzenledi ve tüm Biraderler de zavallı dul eşiyle ve küçük yetimlerle ilgilendiler"; karş. "Smirne", *Rivista della Massoneria italiana*, IV (1873), No: 8, s. 6.

53 "Smirne", *Rivista della Massoneria italiana*, III (1872), No: 13, s. 14: "Dört locanın da özerk birer varlığı olmasına ve ayrı ayrı yönetilmelerine karşın, *Sovrano Capitolo Rosa Croce*'ye (Güllü Haç Egemen Meclisi) bağımlı olarak tek bir aileyi meydana getirirler. Bu meclis, *İyonya Yıldızı* Ana Locası adını taşır".

54 Anacleto Cricca, "Le memorie di un veterano", *Rivista Politica e letteraria*, XVII (1901), fas. 1, s. 105-134. Ayrıca karş.: Ersilio Michel, "A. Cricca", *Dizionario del Risorgimento Nazionale*, Michele Rossi, Milano 1930, II, s. 777; aynı yazar, "Esuli italiani nelle isole Ionie (1849)", *Rassegna storica del Risorgimento*, XXXVII (1950), fas. 1-4, s. 323-352; Ulderico Grottanelli, "A. Cricca", AA. VV., *Il libro d'oro*

colo Tommaseo eşliğinde) sonra da Türkiye'ye ulaştı. İzmir'e yerleştikten sonra, yerel "Göç Bürosu"nda çalışmaya başladı. Burada, başkalarının yanı sıra, ünlü mühendis Luigi Storari de görev yapıyordu. Storari, ekinde bir de topoğrafya haritası bulunan, tarihi-arkeolojik bir kent rehberi yazmıştı.[55] 1863 yılının Aralık ayında, "zavallı Aspromonte mahkûmlarının[56] yararına [.....] küçük bir miktar para toplayan" Cricca, "Göç Bürosu"ndan yararlanarak ulusal davasının propagandasını yapmaktan da çekinmiyordu. Toplanan bu paraları daha sonra "Mason ve Başkan" diye imzaladığı bir mektupla Giusseppe Garibaldi'ye gönderdi. Cricca, "İki Dünya'nın da Kahramanına" "110 Liret" yolluyordu. "(...) Başkentimizi utanç verici papazdan ve sert, haşin yabancıdan kurtarmaya yemin ettikleri için hapishanelerde azap çeken bu mert, gözüpek bahtsızların gönlünü almak üzere ilişikteki mektup aracılığıyla eklediğim birkaç sözcüğü de kendilerine iletmenizi rica ederim. Minnettarlık duyguları besleyen vatandaşlarınızın selameti ve İtalya'nın zaferi için, Tanrı size uzun ömürler versin".[57]

Anadolu'daki Osmanlı uyruklular İtalyan masonluğunu her yerde olduğundan çok daha iyi karşıladılar. Aynı Cricca, o zamanlar Büyük Üstat olan Giuseppe Mazzoni'ye "İtalya Maşrık-ı Azamı Delegesi" sıfatıyla gönderdiği raporda bu konudan şöyle söz ediyor: "Şunu da belirtmek isterim ki, İzmir Maşrıkı'ndaki İtalyan mason ailesinin üyeleri içinde tüm uluslar temsil ediliyor ve bu üyelerden yalnızca 9'u, evet dokuzu, İtalyan uyruklu".[58] *Rivista della Massoneria Italiana* dergisinde, "Toplumdan Haberler" bölümünde bu ilişkiye şu sözlerle değinilmektedir:

> Kuruluşumuzun bu yörede büyük ilerlemeler kaydettiğini söyleyemeyiz, bununla birlikte yardım konusunda kısır kalmadığımız da bir gerçektir, çünkü

---

del patriottismo italiano (biografie e ritratti dei combattenti dal 1848 al 1870), Roma 1902, I, s. 122-125.

55 Luigi Storari, *Guida con cenni storici di Smirne*, Torino 1857. Onun hakkında, Stéphane Yerasimos, "Quelques éléments sur l'ingénieur Luigi Storari", *Atti del Convegno: "Architettura ad Architetti italiani ad İstanbul tra il XIX e il XX Secolo"* (İstanbul 27-28 Kasım 1995) IIC İstanbul 1997, s. 117-123.

56 Karş. kendi el yazmasıyla yazılmış mektup metni (resim 2); belge MCRR'de bulunmaktadır, zarf 925/105.

57 ayn.kay.

58 "Smirne", *Rivista della Massoneria italiana*, III (1872), No: 13, s. 14: "Bu Vadi'de İngiltere Maşrık-ı Azamı'na bağlı üç mason locası daha vardır. Bu localar, hiçbir vergi ödememek de dahil olmak üzere, pek çok ayrıcalığa sahiptir !.. Bu Locaların Biraderleriyle her zaman iyi ilişkiler sürdürmeye çalışıyor ve yaklaşık bir yıldır da aynı mabette toplanıyoruz. Fransız Maşrık-ı Azamı'nın *Mèles* Locası, bir yıl boyunca etkinliklerini sürdürdükten sonra, yok oldu".

[......] halkın uğradığı felaketler karşısında mutsuzların imdadına ilk koşan, onlara ilk yardım elini uzatan her zaman ve her yerde İtalyan masonluğu idi [.....]. Ne yazık ki, yüzlerce yıllık köklere sahip olan ruhban sınıfının Fransa'nın da koruyuculuğuyla şiddetle ve zorbaca hüküm sürdüğü bu ülkede, Mason Cemiyeti hep rakip olarak görüldü ve acımasızca iftiraya uğradı. Aldatılan cahil halk da, ilk masonları taş atarak karşıladı... ama, kısa süre sonra bu aynı halk onlara inanmaya başladı ve bugün de dürüst ve iyiliksever insanlar olarak gördükleri masonlara saygı gösteriyorlar.[59]

Ondan sonraki on yıl içinde İtalyan masonluğunun belirmesiyle Maşrık-ı Azam'ın obediyansındaki locaların sayısı tüm ülkede 12'ye yükseldi, bunlardan 5'i İstanbul'da, 4'ü İzmir'de, 1'i Manisa'da, 1'i de Selanik'teydi; bunlara ayrıca Boğaziçi'nin Avrupa yakasında yer alan, başkentten çok uzak olmayan Büyükdere adlı semtteki küçücük mahfili de eklemek gerekir.[60] Locaların bulundukları yerlere ve sayılarındaki artışa (karş. Tablo I) bakılınca şaşırmamak elde değil, çünkü daha önce de belirtildiği gibi,[61] İtalya Maşrık-ı Azamı, diğer Avrupa masonluklarından daha genç ve dolayısıyla daha "zayıf" olduğundan onlara göre oldukça geri kalmış olmalıydı.

1876'dan sonra, Sultan Abdülhamid'in tahta çıkışıyla, eğilimlerde bir değişikliğe tanık oluyoruz. Kendisinden önce padişah olan ve Fransa Maşrık-ı Azamı'nın Rum kökenli bir locasına üye olan V. Murad'dan[62] farklı olarak, yeni Sultan, elindeki tüm olanaklarla masonluğa savaş açtı;

59 *a.g.e.*

60 "İstanbul'da İtalya Maşrık-ı Azamı obediyansına bağlı etkin bir loca bulunuyordu. Adı *Italia Risorta* (Yüce İtalya) idi ve 1869'da da Birlik oluşturma iznini elde etti. Bu locaya bağlı Biraderler, her halleriyle Masonluk adına ve görevine yakışır şekilde davrandıkları gibi, localarının Osmanlı İmparatorluğu'nun başkentinde büyük bir önem kazanmasıyla yetinmiyorlar, bu etkiyi Boğaziçi'nin tüm o huzurlu kıyılarına yaymayı diliyorlardı. Bu amaçla, bu güzel kıyıların kalabalık merkezlerinde yeni locaların oluşmasını arzuluyorlardı ve bunun için de hoş bir yer olan Büyükdere'de bir loca açarak işe koyuldular. Bu yeni loca, *Luce dell'Oriente* (Şark Işığı) adını aldı ve çok etkin bir şekilde çalışmalarına başladı"; karş. "Costantinopoli" mektuplaşmaları, *Rivista della Massoneria italiana,* IV (1873), No: 22, s. 6 ve devamı. Aynı adı taşıyan ve 1865 yılının Ağustos ayında kurulan bir loca da Mısır'da, Kahire Maşrıkı'nda etkinliğini sürdürüyordu; karş. *Strenna della Rivista della Massoneria Italiana, a.g.e.*, s. 158; F. Levernay, *Guide Générale d'Egypte*, İskenderiye 1868, s. 172.

61 Bkz. yuk. not 9.

62 Constantin Svolopoulos "20 Ekim 1872 tarihinde, Sultan Abdülmecid'in oğlu ve Abdülaziz'in veliahdı Şehzade Murad masonluğun sırrına erdi. Muhterem sıfatıyla Rum toplumunun ileri gelenlerinden Cleanthi Scalieri tarafından yönetilen tekris töreni, Fransa Maşrık-ı Azamı'nın adına ve onun himayesinde kurulan *I Proodos* (Terakki) locası bünyesinde gerçekleştirildi. Tören, çok büyük bir gizlilik içinde,

çünkü, haklı ya da haksız olarak, "farmasonların" gizli ve saçma törenlerinin arkasında, gerçekte, çok daha somut yabancı çıkarlarının gizlendiğini düşünüyordu.[63] Genç Murad'ın gizemli hal edilişi ve siyasal durumun değişerek aleyhlerine dönmesi İtalyan masonluğuna çok ağır bir

Fransız avukat Louis Amiable'in evinde yapıldı. L. Amiable, bir yandan masonluk hiyerarşisinde en yüksek kademelere kadar yükselmesi, diğer yandan da çok önemli siyasi ve idari görevlere getirilmesiyle iyi tanınan bir kişiydi." diye yazar; "L'initiation de Mourad V à la franc-maçonnerie par Cl. Scalieri: aux origines du mouvement libéral en Turquie", *Balkan Studies*, XXI (1980), No: 2, s. 441. Yazıda belirtildiğine göre, Murad'ın masonluğa duyduğu ilgi Avrupa'ya yaptığı yolculuktan daha önceye dayanıyordu: "İlk önce şunu kabul etmek gerekir ki, Murad, amcası Abdülaziz ile birlikte Paris, Londra ve Viyana'yı ziyaret ettiği sırada zaten liberal düşünceleri benimsemişti. Aslında, daha altmışlı yılların başında, özellikle aydınlardan ve Batılı düşüncelerin etkisinde kalmış çok sınırlı sayıda yöneticiden oluşan başkentin liberal çevreleriyle sürekli ilişkiler kurmuştu. Avrupa ile Osmanlı İmparatorluğu arasındaki ticaret hacminin artmasıyla, öngörülen ilk önlemlerin uygulamaya konulması, ekonomik ve toplumsal yaşam düzeyinde yeni biçimlere doğru ağır, ama kaçınılmaz geçiş, Avrupalı güçlerin Hıristiyan nüfusun himayesini güvence altına almak amacıyla giderek artan ilgisi, Batılı düşüncelerin Türkiye'ye girişini kolaylaştıran etmenlerin başlıcalarıdır. Eğitimi ve kültürüyle liberal ve insancıl bir yaklaşıma eğilimli olan Murad'ın, liberal çevrelerin ilkelerini benimsemekle kalmayıp, kendisini 1865 yılından itibaren daha açıkça şekillenmeye başlayan hareketin temsilcisi olarak koyması normaldir. Eğer onlara [Batılılara] benzemezsek -diye itiraf ediyordu- bize yaşama hakkı tanımazlar". (*a.g.e.*, s. 446).

Genç Murad 1876 yılında, Midhat Paşa'nın meşruti reformlarının esintisi ve bir coşkunluk havası içinde, tahta çıktı. Hükümdarlığı üç aydan fazla sürmedi. Pek çok kez delilik belirtileri gösterdiği gerekçesiyle resmen tahttan indirildi, ama masonlukla olan yakın ilgisi de bu olayda onun aleyhine bir rol oynamıştı.

63 Osmanlı sultanlarının masonluğa karşı güvensizlikleri yeni bir şey değildi. Daha 1738'de Avrupalı ilk mason localarının *in partibus infidelium* belirmesiyle kendini göstermeye başlamıştı; bkz. F. T. ve B. Clavel, *Storia della massoneria e delle società segrete*, Napoli 1873, s. 143: "Mason kuruluşu yalnızca Avrupa'daki Hıristiyan devletlerde taraftar bulmakla kalmadı. Aynı zamanda Müslümanlığın bağrında da kendine yer edindi ve 1738'de İstanbul'da, İzmir'de, Halep'te ve Osmanlı İmparatorluğu'nun diğer kentlerinde localar kuruldu. Sonraları da Doğu'da İran'a kadar uzandı". Rahip Rosario F. Esposito'nun yazdığı gibi, İzmir'de "mason kuruluşları başlangıçta İngiliz diplomatik temsilciliklerinin ve ticari acentelerinin uzağında kaldı"; karş. ayn.yaz., "I primi massoni in Medio Oriente", *Rivista Massonica*, yeni dizide LXX-XIV (1979), No: 5, s. 231-237; makalede, İzmir'deki Papalık Naibi Girolamo Lanza di Peraino tarafından 1745 yılında *Propaganda Fide* mensupları toplantısına gönderilen bir mektuptan söz ediliyor; işte bu mektuptan bir bölüm: "Bir minnet borcu olarak, Saygıdeğer Efendilerimin bilgilerine sunmak isterim ki, geçtiğimiz Aralık [1744] ayı başında, İzmir'de ve diğer Şark kentlerinde kurmayı tasarladıkları cemiyeti tanıtmak amacıyla *Farmason* [!] ya da *Liberi Muratori* (Özgür Masonlar) kuruluşu tarafından gönderilmiş [bir adamla] tanıştım; bu adamla birlikte ortalığa inanılmaz söylentiler yayıldı; çeşitli milletlerden tanıştığı çok sayıda insanla büyük bir uyum içindeydi, kazandığı bu kişiler

darbe indirdi. Bunun sonucu olarak da ünlü ve saygın *İtalia Risorta* locasının dışındaki tüm mahfiller birbiri peşi sıra yok oldular.

TABLO 1. XIX. YÜZYILDA TÜRKİYE'DEKİ MASON LOCALARI[64]

Kent (Maşrık)	Locanın Adı	Kuruluş Yılı
Büyükdere	*Luce dell'Oriente* (Şark Işığı)	1873
İstanbul	*Italia*	1863
	Italia Risorta (Yüce İtalya)	1867
	Fenice (Anka)*	1868
	Sincerita (İçtenlik)*	1868
	Speranza (Umut)*	1868
Manisa	*Anacleto Cricca*	1867
Selanik	*Makedonya*	1864
İzmir	*Stella Jonia* (İyonya Yıldızı)	1864
	Fenice	1867
	Orhaniye	1868
	Armenak	1872

Kaynak: ASGOI ve *Rivista della Massoneria italiana* verilerine dayanılarak düzenlenmiştir.

onun peşinden koşuyordu, öyle ki sanki herkes onun kuruluşuna kaydolmak ve sağlam bir şekilde yerleşmek istiyordu; bunun tümüyle uygun bir davranış olduğunu, ne inanca ne de ruha karşı hiçbir önyargı taşımadığını, tersine insanlar arasında iletişimi çok kolaylaştırdığını düşünüyorlardı; oysa diğeri için bu, bir hile ve sapkınlık kaynağından başka bir şey değildi" (*a.g.e.*, s. 233-234).

Masonlukla temasa geçişin, Bab-ı Âli'de, eşit ve karşıt bir tepkiye neden olması kaçınılmazdı ve bu tepki gecikmedi. 1748'de, bir İngiliz dragomanın evinde gerçekleştirilen garip toplantılardan haberdar olan Sultan I. Mahmud, toplantıya katılanların tümünün tutuklanmasını ve oluşturulmuş tapınağın da ortadan kaldırılmasını emretti. "İngiliz sefiri tarafından zamanında haberdar edilen biraderler kaçmayı başardılar ve ardından da hükümdarın öfkesini yatıştırmaya çalıştılar. Ama, Bab-ı Âli, bundan böyle Zat-ı Şahane'nin topraklarına yeni tarikatlar sokulmamasını yabancı elçiliklerden talep etti"; karş. T. Zarcone, *a.g.e.*, s. 190; ve ayrıca da Josè A. Ferrer Benimeli, *Los Archivos Secretos Vaticanos y la Masoneria*, Caracas 1976, s. 409; C. A. Thory, *Acta Latomorum*, Paris 1815, I. s. 62.

64 Yıldızla işaretlenmiş localar, üye sayılarının azlığı nedeniyle, 1868 yılında *Le Tre in Una* (Üçü Bir Arada), sonra da *Aziziye* adını alan Büyük Loca'yı oluşturmak amacıyla birleşmişlerdir.

İTALİA RİSORTA LOCASI MATRİKÜL LİSTESİ

Matrikül	Adı Soyadı	Doğum Yeri	Doğum Yılı	Meslek	Tekris Tarihi
59578	Abeniacar B.	İstanbul	1887	Tüccar	14/01/1921
55494	Abimelech Roberto	-			
1887	Hekim				22/02/1919
44941	Abounav Elia	İstanbul	-	Tüccar	22/04/1914
5090	Acquavoni Luigi	-	-	Tüccar	-
8989	Adam Federico	Ems-Almanya	57	Tüccar	20/02/1891
5667	Alluan Abdullah	-	-	-	-
1322	Altas Armando	Istanbul	-	Tüccar	-
9303	Amon Giuseppe	İstanbul	34	Bankacı	28/03/1892
55498	Amon Jacques	-	1883	Memur	22/12/1919
7494	Arbib Isacco	-	-	-	30/12/1886
30844	Ardaches Manoukian	İstanbul	869	Rantiye	11/01/1910
71292	Arditti Davide	Selanik	1892	Tüccar	12/06/1923
29344	Arland Arturo	İstanbul	1863	Memur	31/05/1909
32431	Armen S. Missirian	İstanbul	1870	Tüccar	15/06/1910
30842	Assaias Guglielmo	Ibraila		Bankacı	11/01/1910
30819	Asseo Isacco	Selanik	1878	Memur	08/01/1910
2794	Astuto Giuseppe	-	-		
9225	Aznavour Giuseppe	İstanbul	35	Mühendis	26/12/1891
29348	Back Leopoldo	Prag	1877	Tüccar	31/05/1909
434	Barbagallo A.	Messina	28	Tüccar	-
1321	Barbagallo Giuseppe	Messina	30	Muhasebeci	-
63271	Behar Rodolfo	İstanbul	1879	Borsada Hükümet Görv.	05/12/1921
9373	Benveniste Gustavo	Viyana	35	Memur	20/05/1892
68925	Biancheri Vittorio	Cenova	1890	Memur	24/11/1922
6134	Blumberg Enrico	-	-	-	-
2796	Bolla Vincenzo	-	-	-	-
55500	Bornstein Enrico	-	1882	Tüccar	22/11/1921
70318	Braun Alberto			Memur (Üstat)	21/03/1923
8787	Bruckner Oscar-Otto	Beclat-Romanya	48	Hekim	20/07/1890
29347	Burgeni Vittorio	Jassy	1870	Tüccar	31/05/1909
70316	Burnier Giorgio-Francesco	Lutry	1890	Memur	21/03/1923
6131	Cadi Giorgio	-	-	-	-
5039	Calamidas Leonida	-	-	-	-
1323	Callegari Antonio	Ferrara	-	Ressam	-
6648	Camposampiero Giuseppe	-	-	-	-
1324	Capoleoni Luigi	Caranchio?	-	Hekim	-
55504	Caraco Sabetay	İstanbul	1886	Tüccar	22/12/1919
6759	Caretti Angelo	-	-	-	-
55499	Casaretto Roberto	-	1865	Acente	22/12/1919
5195	Catalani Achille	-	-	-	-

9568	Catalani Antonio	Odessa	40	Muhasebeci	15/12/1892
1325	Cattalinech Luigi	Sebenico	–	Muhasebeci	–
6019	Chalman Giacomo	–	–	–	–
10379	Chenorkhian Jean. B.–	–	–	27/12/1894	
6016	Cigallo Giacomo	–	–	–	–
59567	Cohen Davide	İstanbul	1894	Tüccar	14/01/1921
68922	Cohen Isacco	İstanbul	1885	Tüccar	24/11/1922
52478	Cohen Marco	İstanbul	–	–	25/01/1919
55501	Cohen Moise	–	1885	Tüccar	22/12/1919
29605	Cohen Raffaele	İstanbul	1874	Tüccar	28/06/1909
30432	Cohen Salomone I.	İstanbul	1883	Tüccar	03/12/1909
33373	Coufopoulo Demetrio	İstanbul	1870	Simsar	28/10/1910
8793	Coulant Ettore	Cenova	34	Mühendis	20/07/1890
71288	Crassas Emmanuele M.	Metelino	1880	Memur	12/06/1923
2789	Cumin Fr.sco Demonico	–	–	–	–
4834	Cutajar Giuseppe	–	–	–	–
59565	Cuvella Demetrio	Nussero	1867	Avukat	14/01/1921
4884	D'Agostini Luigi G.	–	–	–	–
43852	D'Armi Giacomo	Atina	1887	Mimar	19/12/1913
30431	Dana Selim H.	Beyrut	1877	Memur	03/12/1909
4832	Daniel N. Adam	–	–	–	–
10377	Darr Nathan	–	–	–	27/12/1894
32271	De Castro Riccardo	İstanbul	1879	Memur	02/06/1910
29346	De Medina Giulio	İstanbul	1877	Simsar	31/05/1909
6761	De Medoezky Alfred	–	–	–	–
7539	De Toledo David S.	–	–	–	25/02/1887
68923	Del Piano Giacomo	Torino	1889	Tamirci	24/11/1922
436	Della Mea Vincenzo	Istanbul	41	Tüccar	–
29345	Delmedico Enrico	İstanbul	1878	Memur	31/05/1909
5091	Demetrio Michal Curdgi	–	–	–	–
32784	Di Toledo Vitali	Edirne	1881	Tüccar	15/07/1910
68921	Donadio Pietro	Frosolone	1886	Piyade Subayı	24/11/1922
43853	Donegnas Giuseppe	Selanik	1891	Muhasebeci	19/12/1913
9302	Donsaft Haim	İstanbul	36	Memur	28/03/1892
4836	Draco Nicola	–	–	–	–
7937	Economo Cristo	İstanbul	40	Tüccar	30/05/1888
55506	Edimburg Armando	Budapeşte	1877	Dişçi (Birader)	22/12/1919
59566	Elenecave Selamia	–	1883	Tüccar	14/01/1921
5668	Errera Moise	–	–	–	–
44622	Errera Salomone	Selanik	1882	Muhasebeci	21/03/1914
4835	Eschenazi Moisé	–	–	–	
9371	Fabbrichesi Antonio	Atina	44	Müzik Öğrt.	20/05/1892
2797	Facciolli Anastasio	–	–	–	–
55502	Fano Alberto	İzmir	1890	Banka Komisyoncusu?	22/12/1919
30433	Faraggi Maurizio	İstanbul	1869	Tüccar	03/12/1909
4888	Faraggi Abramo	–	–	–	–

1326	Fernandez-Grav Giuseppe	Barselona	–	Simsar	–
68920	Formigini Cesare	Modena	1895	Piyade Subayı	24/11/1922
32272	Franco Amedeo	İstanbul	1867	Tüccar	02/06/1910
8988	Franco Giuseppe	İstanbul	32	Gezgin Satıcı	20/02/1891
1327	Freidman Leon	Rusya	–	Tüccar	–
7101	Frend Maurizio	–	–	–	14/12/1885
66461	Fresco Sabetay	İstanbul	1873	Hekim	26/04/1922
9300	Furlani Enrico	Jassy-Eflak	31	Müzik Bestecisi	28/03/1892
5009	Furlani Giorgio	–	–	–	–
32270	Galano Davide	Turn	1880	Hekim	02/06/1910
55508	Galimidi Alberto	İstanbul	1887	Memur (Birader)	22/11/1919
1329	Gallerini Angelo	Lago Maggiore	–	Mimar	–
4886	Gallerini Desiderio	–	–	–	–
31446	Gerson M. Parker	İstanbul	1881	Memur	15/03/1910
30843	Giorgiades Giorgio	İstanbul	1880	Memur	11/01/1910
66462	Givre Ernesto	Edirne	1892	Ticari Acente	26/04/1922
6900	Goldemberg	–	–	–	–
44940	Goldemberg Alfredo	İstanbul	1892	Dişçi	22/04/1914
7097	Goldenberg Angelo	İstanbul	25	Tüccar	14/12/1885
8792	Goldenberg Gustavo	İstanbul	25	Temsilci	20/07/1890
9459	Goldenberg Riccardo	Livorno	24	Tüccar	15/11/1892
55493	Goldstein Herman	İstanbul	1879	Tüccar	22/12/1919
8991	Graziadei Ercole	Ferrara	44	Rantiye	20/02/1891
10378	Greiwer Isidoro	–	–	–	27/12/1894
438	Grisiti Emanuele	İzmir	38	Tamirci	–
34147	Haisn Alberto	İstanbul	1875	Memur	11/01/1911
44620	Handanos Giovanni	Vinani	1880	Tüccar	21/03/1914
7482	Hefter Adolfo	–	–	–	21/11/1886
1328	Hirscovich Abramo	Yalova	–	Tüccar	–
68924	Hornik Emilio	Galatz	1878	Hekim	24/11/1922
1333	Iunda Stefano	Istanbul	–	Sağlık Memuru	–
33649	Jannovitz Ettore	Trieste	1871	Memur	28/11/1910
44623	Joanidi Giorgio	İstanbul	1876	Memur	21/03/1914
9669	Joffredy Cesare	Marsilya	31	Sigorta Acentası	14/04/1893
4833	Kapel Hermann	–	–	–	–
7938	Kenseoglou Ciriaco	Kaisar Talas – Asya	30	Rantiye	30/05/1888
9670	Kerlauguedy Yervant	İstanbul	30	Tüccar	14/04/1893
66463	Kessikbachian Hagop	Kayseri	1875	Memur	26/04/1922
9009	Kiescoglou Anastasio	Kaisar Talas – Asya	36	Tüccar	12/03/1891
10084	Kiriakon Ercole	–	–	–	24/04/1894
6760	Konstschil Giulio	–	–	–	–
55507	Körber Mose	Fornovo	1882	Memur	22/12/1919
6132	Kun Alberto	–	–	–	–
7100	Lacandella Girolamo	–	–	–	14/02/1885
9304	Lambertini Vittorio	Kiew – Polonya	44	Eskrim Öğretmeni	28/031892
7541	Lauge Paolo	–	–	–	25/02/1887

2798	Lena Giuseppe	–	–	–	–
5089	Levi Abramo	–	–	–	–
9460	Levi Marco	İstanbul	36	Memur	15/11/1892
4258	Levi Salomone	–	–	–	–
9299	Levy Roberto	–	–	–	28/03/1892
435	Liberali–Magnani Giocondo	Rimini	50	Dil ve Tarih Profesörü	–
10083	Liezzena Ernesto	İstanbul	45	Memur	24/04/1894
3241	Lombardi Augusto	–	–	–	–
8789	Lotsch Giorgio	Roma	41	Taş Basmacı	20/07/1890
437	Maggiore Samuele	Castelnuovo Dalmato	38	Tüccar Terzi	–
2793	Maggiore Samuele	–	–	–	–
6787	Maggioro Isai	–	–	–	–
5038	Mahmud Celaleddin Bey	–	–	–	–
2791	Marchesi	–	–	–	–
43869	Marchesi Ernesto	İstanbul	1876	Memur	24/12/1913
34148	Margoches Armando	İstanbul	1886	Memur	11/01/1911
8664	Margoches Samuele	İstanbul	36	Memur	26/03/1890
34149	Margoches Alberto	İstanbul	1869	Temsilci	11/01/1911
55497	Margoches Giacomo	–	1887	Acente	22/12/1919
5196	Mava Rosario	–	–	–	–
1330	Melckestein Noè	Petreny	–	Tüccar Terzi	–
55505	Melhestein Salomone	İstanbul	1872	Tüccar	22/12/1919
11403	Melia Carmelo	–	–	–	22/03/1897
7112	Mercenier Carlo	–	–	–	19/12/1885
7210	Meryemkouly Alessandro	–	–	–	08/02/1886
4887	Moios Leonida	–	–	–	–
44624	Mordo Alessandro	Korfu	1881	Tüccar	21/03/1914
44939	Mordo Edmondo	İstanbul	1878	Memur (Birader)	22/04/1914
66464	Muron Pantyaliskan	İstanbul	1892	Memur	26/04/1922
30430	Naar Giuseppe I.	Salonicco	1864	Memur	03/12/1909
71290	Nahon Isacco	İstanbul	1894	Hekim	12/06/1923
8788	Nenbaner Carl–Frederich	Magdebourg	47	Kuyumcu	20/07/1890
8790	Neumann Isacco	İstanbul	36	Memur	20/07/1890
32350	Neyir	İstanbul	1883	Kimyager	06/06/1910
9461	Nichanian Carlo	İstanbul	32	Ressam	15/11/1892
8993	Nikitis Wilhem	İstanbul	23	Tüccar	20/02/1891
8791	Okumusc–Oglou Simon M.	Kayseri – Asya	26	Tüccar	20/07/1890
10216	Packer Mosse	Jassy	48	Simsar (Üstat)	03/07/1894
8133	Paleologos P. M.	Metelino	44	Tüccar	26/12/1888
439	Palomba Antonio	Napoli	47	Tüccar	–
1320	Paoloski Emilio	Teschen–Avusturya	41	Mühendis	–
7211	Pappi Giovanni	–	–	–	08/02/1886
1331	Parano Raffaele	Leonforte	–	Rantiye	–
66465	Pardo–Roquez Emanuele	İstanbul	1880	Temsilci	26/04/1922
7098	Pellegrino Giovanni	–	–	–	14/12/1885
44621	Peppo Bensamia	Selanik	1889	Muhasebeci	21/03/1914
63268	Perahia Leon B.	İstanbul	1891	Tüccar	05/12/1921

9301	Perugia Michelangelo	–	–	–	28/03/1892
6543	Petrocuchino Nicolas	–	–	–	–
63269	Policar Salomone	İstanbul	1892	Sigorta Müfettişi	05/12/1921
70315	Polignon Enrico	–	–	Banka Memuru	21/03/1923
71291	Portias Samuele	İstanbul	1894	Hekim	12/06/1923
63270	Ramirez Mario	Napoli	1894	Deniz Subayı	05/12/1921
6990	Reşad Mehmed	–	–	Paşa	08/06/1885
8992	Reidemeister Waldemar	Varonitch – Rusya	35	Muhasebeci	20/02/1891
10086	Reiser Carlo	Verni	33	Tüccar	24/04/1894
5197	Ricci Nicola	–	–	–	–
7480	Ricci Guido	–	–	–	21/11/1886
34146	Ricci Oreste	Floransa	1880	Memur	11/01/1911
6899	Ricci Raffaele	–	–	–	–
61537	Roditi Isacco	İstanbul	1878	Tüccar	30/05/1921
8990	Roller Edoardo	Riga – Rusya	48	Kaptan	20/02/1891
10085	Rosenthal Abram	İstanbul	36	Tüccar	24/04/1894
7234	Rosenthal Elia	–	–	–	11/03/1886
9668	Rosset Giuseppe	Quart	34	Konsolos Yard.	14/04/1893
7538	Rouse Di Lusignano	–	–	–	25/02/1887
6642	Routh Ricardo Francesco	–	–	–	–
68438	Rufenacht Giovanni	Locle	1892	Memur	25/10/1922
3242	Sagekon J. Jacob	–	–	–	–
5665	Scanovi Eripide	–	–	–	–
66467	Scanziani Emilio	İstanbul	1896	Hekim	26/04/1922
55496	Schapizer Willy	–	1890	Tüccar	22/12/1919
2790	Scheggi Alessandro	–	–	–	–
8663	Schmill Elia	İstanbul	33	Memur	26/03/1890
5963	Schragger Hermann	–	–	–	–
7481	Seidemberg Jacob	–	–	–	21/11/1886
7540	Seidemberg Teodoro	–	–	–	25/02/1887
4885	Semprini Guglielmo	–	–	–	–
6133	Silvestri Felice	–	–	–	–
5666	Sohortan Nicola	–	–	–	–
2792	Soubegran Olodoveo	–	–	–	–
7099	Spadaro Alfredo	–	–	–	14/12/1885
6898	Spaudoni Costantino	–	–	–	–
1332	Springer Moisé–Isacco	Ibraile	–	Tüccar	–
66466	Stefanides E.	İstanbul	1894	Temsilci	26/04/1922
6135	Teschner Edmondo	–	–	–	–
63292	Tevfik Ades	Şam	1880	Avukat (Compagno)	05/12/1921
6542	Tiring Conrad	–	–	–	–
8801	Traub Henry	–	–	–	28/07/1890
71289	Tubino M.	İstanbul	1881	Deniz Acentesi	12/06/1923
6758	Vallauri Alessandro	–	–	–	–
70317	Veggetti Orazio	İstanbul	–	Memur	21/03/1923
7935	Veneziani Giuseppe Gastone	İstanbul	30	Tüccar	30/05/1888
9372	Videoevich Antonio	Ragusa	56	Terzi	20/05/1892
4194	Villiam Lewis	–	–	–	–

4195	Villiam Schelton	–	–	–	–
5936	Vitali Giuseppe	–	–	–	–
9569	Vitali Lazzaro	Odessa – Rusya	34	Tüccar	15/12/1892
31445	Viterbo Elio	Korfu	1879	Tüccar	15/03/1910
66468	Volgo Edoardo	İstanbul	1872	Tüccar	26/04/1922
8786	Von Der Heijde Hans Heinrich Conrad	İstanbul	24	Hekim	20/07/1890
8785	Von Der Heijde Hans	Friedrichsart Heinrich Magnus	53	Dişçi	20/07/1890
1335	Walter Giulio	Stiria – Gratz	–	Posta Memuru	–
2795	Walter Giulio	–	–	–	–
5969	Warju Giovanni	–	–	–	–
1334	Wassa Pasco	Üsküdar	–	Devlet Memuru	–
6015	Wengrzynowski Boris	–	–	–	–
52479	Yahir Bahar	İstanbul	1890	Maestro	25/01/1919
55503	Zaccum Sabatino	İstanbul	1891	Tüccar	22/12/1919
433	Zammit Giovanni	İzmir	37	Lokantacı	–
1319	Zarb Vincenzo	Malta	28	Tüccar	–
11048	Zeri Riccardo	Roma	38	Operatör Doktor	28/03/1896
55495	Ziffer David	–	1876	Sigortacı	22/12/1919

İKİNCİ BÖLÜM

DEVRİM'İN BEKLEME ODASI

Karanlıkta İlk Adımlar

İttihad ve Terakki Cemiyeti'nin yaptığı devrim ile sonuçlanan olaylar;[1] bu devrimin Osmanlı İmparatorluğu içinde ve dışında yarattığı az ya da çok yaygın etkiler; bu hareketin kahramanı olan ve iyi kötü tanınan kişiler yeterince bilindikleri için, ilerideki sayfalarda, bunlarla ilgili ayrıntılara inmek gibi bizi konumuzdan uzaklaştıracak bir işe girişmeyeceğiz. Bu bölümde, Jön Türk hareketinin kökenleri hakkında yalnızca bazı açıklamalar yapmakla yetineceğiz; sonra da bunların ışığında, çağdaş Türkiye'nin siyasal değişimleri üzerinde İtalyan masonluğunun etkisini değerlendireceğiz. İkinci Meşrutiyet rejiminin kökeni pek çok araştırmaya konu olmuştur ve bu çalışmalar Jön Türkler ile Selanik'teki[2] mason

1 "1908 Jön Türk devrimi, çürümeyi engelleyecek şiddetli tedbirler alınmazsa Osmanlı İmparatorluğu'nun çökmeye mahkûm olduğu sonucuna aşamalı olarak varan, Batılı fikir ve kavramların etkisi altındaki bir grup liberal ya da sözde liberalin onlarca yıldır sürdürdükleri etkinliklerin doruk noktasıdır."; Ernest E. Ramsaur, *The Young Turks. Prelude to the Revolution of 1908*, Princeton 1957, s. 3.

2 1908 Temmuz'undan sonra, devrimin masonluğun eseri olmasını isteyen sesler daha da ısrarlı yükseliyordu. İngiliz deneme yazarı Knight, bu konu hakkında yayımladığı ilk yapıtlarından birinde, bu olayları yeniden ele alarak enine boyuna işliyor: "Türkler, Yahudiler, Arnavutlar, Bulgarlar, Levantenler gibi karışık ırklardan oluşan kalabalık bir nüfusun barındığı ve çeşit çeşit dilin konuşulduğu Selanik'te insanların gizlenmesi kolay, ancak casusların iz sürmesi zordu. [...] Örneğin, her türlü toplantının Saray tarafından yasaklanmasına, birinin birkaç dostunu izin almadan akşam yemeğine davet edememesine, masonluktan suçlu bulunanların ölüm cezasına çarptırılacağı kararına rağmen masonluk (Fransız, Maşrık-ı Azam, İspanyol ve İtalyan) Selanik'e yayılmıştı. [...] Meraklı gözlerden kaçmanın ve gizli cemiyet kurmanın kolaylığı Selanik'i Jön Türk devriminin Makedonya'daki doğal merkezi yapmıştı."; karş. E. F. Knight, *The Awakening of Turkey*, Londra 1909, s. 109-110.

locaları arasındaki bağlantıları da gün yüzüne çıkarmıştır. Göreceğimiz gibi, İtalyan masonluğunun Türkiye'de kökleşmesi hiç kuşkusuz, Osmanlı İmparatorluğu'nda yenilenmeye yardımcı olan etmenler arasında sayılabilir.

O dönem tarihçilerinin neredeyse tümü Jön Türk hareketinin doğum tarihi olarak, İstanbul'daki "Mekteb-i Tıbbiye-i Şahane" (Askeri Tıbbiye) öğrencilerinin kurdukları küçük gizli derneğin ortaya çıktığı 1889 yılını kabul ederler. "İttihad ve Terakki" adıyla tanınan bu dernek (Şükrü Hanioğlu'nun da yazdığı gibi) "bir öğrenci kuruluşu olarak doğdu ve beş yıl boyunca etkinliğini sürdürdü. 1895'de gün ışığına çıktı ve Mekteb-i Tıbbiye-i Şahane'nin duvarlarını da aştı".[3] İstanbul'da hükümete karşı çıkanlar, sayıları çok az olmakla birlikte,[4] Sultan II. Abdülhamid'i tahtından indirmeyi öneriyorlardı ve Bab-ı Âli ile Çar arasındaki savaşın arifesinde Midhat Paşa'nın hazırlattığı Kanun-ı Esasi'nin yeniden uygulamaya konulmasını istiyorlardı. Bu kişiler, başından beri, İtalyan *Carbonari*'leri[5] örnek alıyorlar ve bunun için de sayıları gittikçe artan bir dizi yeni hücre oluşturuyorlardı. 1892'de Padişah bu cemiyetin varlığından haberdar edildi. Adı geçen kuruluşun tartışmasız şefi de Arnavut kökenli genç bir subay olan İbrahim Temo idi. Bazı söylentilere göre "Temo, cemiyeti kurmadan bir yıl önce, yaz tatili sırasında, denizyoluyla Arnavutluk'taki ailesinin yanına giderken, Brindisi'ye uğradı. Brindisi ve Napoli'de kaldığı süre içinde, Temo bir arkadaşının eşliğinde bir mason locasını ziyaret etti ve İtalyan tarihinde *Carbonari*'lerin oynadığı rol hakkında yeterli bilgiyi edindi [......]. Türkiye'de de benzer bir gizli cemiyet kurmaya karar verdiği zaman İtalya'da öğrendiklerinden esinlendi".[6]

3 Şükrü Hanioğlu, "The Young Turks on the Verge of the 1908 Revolution", *Première rencontre internationale sur l'Empire ottoman et la Turquie Moderne, 18-22 janvier 1985 (Varia Turcica XIII)*, Edhem Eldem'in katkılarıyla, İstanbul-Paris 1991, s. 292-293: "Cemiyetin üyeleri çoğunlukla Mekteb-i Tıbbiye, Mülkiye öğrencileri [...] ve askeri öğrencilerden oluşuyordu."

4 Başlangıçta, örgüte katılan öğrencilerin sayısı, toplam 340 kişi üzerinden 32'ye ulaşıyordu. E. E. Ramsaur'un açıkladığı gibi (*a.g.e.*, s. 15), "bu, Sultan'ın okula kötü gözle bakması için yeterliydi."

5 Bernard Lewis, *a.g.e.*, s. 176. Yine Ramsaur'a göre, *a.g.e.*, s. 15 ve devamı, "Cemiyetin örgütlenmesinde yüzyılın başındaki İtalyan *Carbonari*'ler örnek alındı. [...] Jön Türklerin ilk komitesinde *Carbonari* etkisi açıkça görülür. [...] Buna göre üyelerden birbirlerini yalnızca kesirlerle tanımaları bekleniyordu. Bu kesirler, örgütün her yeni hücresinin ve bu hücrelerin üyelerinin numaralandırılmasıyla oluşuyordu. Kesirlerin paydası hücrenin ya da şubenin numarasını, payı da üyenin numarasını gösteriyordu. Örneğin, yedinci hücrenin beşinci üyesi listeye sadece '5/7' şeklinde kaydediliyordu. İbrahim Temo, hareketin kurucusu olarak '1/1'di".

6 *a.g.e.*. Bu öyküde gerçeği tümüyle yansıtmayan bir şey var ve Ramsaur'un da kabul

Ernest Ramsaur[7] ve Feroz Ahmad[8] Jön Türkler'in yeraltından iktidarı ele geçirmeye doğru yönelen yolunu özenle çizmişlerdir. Bu yol, ideolojik ve örgütsel türde değişik fırtınalardan geçerek aşamalı evrelerle ilerlemeyi sürdürdü. Gerçekten de, daha başlangıcından itibaren, Jön Türk hareketi, ayrışık ve genellikle de aralarında çatışan güçlerin oluşturduğu geçici bir ittifak gibi belirmişti. En ateşli tartışmalar, Osmanlı azınlıklarına ve en az o kadar hassas bir konu olan çeşitli Batılı güçlere karşı takınılacak tavır çevresinde yoğunlaşıyordu. Kısaca belirtmek gerekirse, iki eğilimle karşı karşıyaydılar: Bir yandan, Türk ulusal devriminin taraftarları, ki bunlar Osmanlı İmparatorluğu'ndaki bunalımın çözümüne Avrupa'nın karışmasına başından beri karşı olan Ahmed Rıza Bey[9] ve beraberindekilerdi. Öbür yanda da, Padişah'ı tahtından uzaklaştırabilmek için, Ermeniler dahil, Bab-ı Âli'nin tüm düşmanlarıyla işbirliği yapmaya hazır olan Prens Sabahaddin[10] yandaşları vardı. Prens Sabahaddin'e göre, çeşitli azınlıkların talepleri, *teşebbüs-i şahsi* ve devlet yönetiminde *adem-i merkeziyetçilik* ilkelerinden esinlenecek genel reformlar çerçevesinde ele alınmalıydı.[11] Bu ve diğer düşünceler, Jön Türkler'in 1. kongresiyle (Cenevre, 4-9 Şubat

ettiği gibi, Temo da otobiyografisinde bundan söz etmemeye özen gösteriyor. Gerçekten de, kendisi mason olmadığı halde, İtalya'da, nasıl bir mason locasını "ziyaret edebildiği" anlaşılır gibi değil.

7 Bkz. yuk. not 1.

8 Feroz Ahmad, *The Young Turks. The Committee of Union and Progress in Turkish Politics: 1908-1914*, Oxford 1969.

9 Ahmed Rıza (1859-1950). Avusturyalı bir annenin oğlu olan bu aydın ve gazeteci, 1889 yılında Paris'e göç etti. Masonluğun içinde olmamasına karşın, Rıza'nın siyasal düşüncesi, E. E. Ramsaur'un da anımsattığı gibi, pozitivizmin etkisindeydi, *a.g.e.*, s. 24, not 32: "Rıza *Mechveret*'i (*Meşveret*) [kurup yönettiği on beş günde bir çıkan dergi] Pozitivist takvimle tarihlendirecek kadar ileri gitti. 1 Temmuz 1789'da başlayan bu takvimin ayları, haftaları, hatta günleri, Comte'u dünya tarihinin en önemli insanı sayan bir görüş tarafından adlandırılmıştı. [...] Rıza Gregoryen takviminden de yararlandı, fakat İslam takvimini reddetti. Bu reddediş onun iyice gözden düşmesine neden oldu." Jön Türk gazeteciliğiyle ilgili tarihi bilgi için, bkz. Gérard Groc, "La presse jeune-turque de langue française", *Première rencontre internationale sur l'Empire ottoman et la Turquie moderne*, s. 429-440.

10 Sabahaddin Bey'in kişiliği çevresinde oluşan örgütlenme Batı basınında "Liberal Parti" (Osmanlı Hürriyetperveran Cemiyeti) olarak tanınıyordu. "1902 Jön Türk Kongresi'nde çoğunluğu sağlayan grubun, Sabahaddin Bey ve Musuris Gikis'in önderliğinde *Comité Liberal Ottoman* (Liberal Osmanlılar Komitesi) adıyla yeni bir teşkilat oluşturmaları da ilginçtir. [...] Sabahaddin Bey'in masonlarla ilişkisi hakkında, 12 Eylül 1908'de Yunanistan Mason Locası'nda, masonların Jön Türklerin başarısındaki rollerine atıfta bulunduğu ve dinleyicilerden bol alkış alan konuşmasından başka elimizde belge yok". Ş. Hanioğlu, "The Young Turks on the Verge...", *a.g.e.*, s. 289-290.

11 "Teşebbüs-i şahsi ve adem-i merkeziyet" Prens Sabahaddin (1877-1948) tarafından kurulan hareketin iki kilit ilkesiydi.

1902) birlikte yok olup gitti ve kongre hiçbir olumlu sonuç alınamadan kapandı, bu hareket de adeta felce uğradı. *Rebus sic stantibus* (İçinde bulunulan durumda), Cenevre'deki İtalya kraliyet konsolosunun vardığı yargıya göre, Jön Türkler propagandalarını "eylemle" yapamazlardı".[12] Eğer İttihad ve Terakki Cemiyeti de[13] duruma el koymasa, Kanun-ı Esasi konusunda da, kaçınılmaz şekilde bir anlaşmaya varılamayacaktı. 1906 yılında Selanik'te, yerel bir kuruluş olan "Osmanlı Hürriyet Cemiyeti"nin[14] bağrından doğan bu yeni gizli örgüt kısa süre içinde Avrupa'da yaşayan sürgünlerin oluşturduğu ortak cepheyle kaynaşıp bütünleşti.

1908 yılının Temmuz ayında, Padişah karşıtları -bu arada sayıları git-

---

12 Bu düşünce 1899 yılına kadar uzanmakta ve Hariciye Nazırı'nın dikkatine sunulan özel bir raporda yer almaktadır: "Ekselans, Cenevre'de 'Jön Türkler'in çalışmaları sırasında, güvenebileceğimiz bir dost edinebildim ve ondan yararlanabileceğimizi düşündüm [...]. 1896 yılının ortalarına doğru Cenevre'de 'Jön Türkler' adında gizli bir dernek kuruldu. Türk asıllı üyeleri Paris, Kahire ve İstanbul'dan gelen devrimcilerden oluşuyor. Bu kişilerin başlıca amaçları Osmanlı hükümetine karşı gazete ve kitapçıklar bastırıp bunları gizlice Türkiye'ye ve hatta tüm Avrupa'ya yollamaktır. Bu şekilde, Padişah'ın vahşi istibdadını tüm uygar dünyaya ve Türk halkına duyurmayı tasarlıyorlar. Jön Türk Derneği'nin şimdiki başkanı Nuri Ahmed, devrimci davranışlarıyla Cenevre'de dikkatleri üzerinde toplayan ilk kişi oldu; İstanbul'dan kendisine çok sayıda ve sık sık mektuplar geliyordu. Ayrıca Paris'te yayımlanan devrimci Türk gazetesi *Mechveret*'in de (Meşveret) redaktörü olan Ahmed Rıza ile sürekli ilişki içinde. 1897 yılında, birkaç Jön Türk de Cenevre'ye geldi. Çıkardıkları ilk devrimci gazetenin adı *Mizam* (Bilanço) [Mizan diye okunur]. Redaktörler de Midhat Şükrü (Bleda) ve "Tchourouk-Sou" idi. Rond-point de Plainpalais'deki Studer matbaasında basılıyordu. Bu gazete Türkiye'de öyle büyük bir etki yarattı ki, Padişah telaşa düştü ve Cenevre'ye yüksek dereceli memurlarından birini gönderdi. Amaç Jön Türkler'le pazarlığa oturmaktı, bunun sonucunda da yayın durduruldu. Bir anlaşmaya varıldı ve Jön Türkler, her biri için ayda 300 F gelir karşılığında *Mizan* gazetesinin yayınını durduracaklardı. Jön Türkler sözlerini tutmadılar: Başka devrimci dergiler, gazeteler yayınlandı. *Beverouchi, Kürdistan, Djuret* (Cüret) peşpeşe çıktı, Nuri Ahmed'in kendi evinde kaleme aldığı *Osmanlı* ise Pelisserie Sokağı'ndaki Malavallon matbaasında basılıyordu; *Osmanlı* gazetesi oldukça düzenli bir şekilde yayımlanıyordu. Bu da Ekselanslarına tarafımdan gönderilen gazetelerin çeşitliliğini açıklar. Jön Türk Cemiyeti'nin merkezi Carouge sokağı no.7'de bulunuyor, ayda 3 ya da 4 kez burada toplanıyorlar. Böyle bir cemiyetin üyelerinin "eylemle" propaganda yapabileceklerini düşünmeyin; her ne olursa olsun Türkler Ermeniler kadar şiddete başvurmuyor, belki de onlar yakınları [1897] Türkler tarafından katledildiği için böyle davranıyorlar". El yazısıyla düzenlenmiş bu belge ASMAE'de saklanmaktadır, kaynak "Polizia Internazionale", zarf 34, Cenevre 10.10.1899 tarihli rapor, No. 123 (konu: "Jön Türkler").

13 Bu konuda bkz. "İttihad ve Terakki Cemiyeti", der. Feroz Ahmad, *EI*, IV, s. 284 ve devamı. "İttihad ve Terakki Cemiyeti, 1908 devriminden 1918'e kadar Osmanlı İmparatorluğu'nun kaderine hükmeden politik hareketti. Kökeni Osmanlı Hürriyet Cemiyeti'ydi."

14 *a.g.e.*

tikçe artmıştı- üç elverişli koşul sayesinde II. Abdülhamid'i geri adım atmaya ve 1876 Kanun-ı Esasi'sini yeniden uygulamaya zorlamışlardı: 1) İş başındaki hükümetin ordunun hoşnutsuzluğu nedeniyle sürekli zayıflaması; 2) Balkan Yarımadası'ndaki nüfus arasında yayılan ve gitgide artan kaynaşma; 3) Rumeli'de karargâh kurmuş II. ve III. Kolordu'da görevli subayların Selanik'teki isyancıların tarafına geçmek için başkaldırmaları.[15] Hızla ortaya çıkan olaylara engel olamayan Sultan Abdülhamid, hem ülke içindeki hem de uluslararası alandaki başarısızlık ve yenilgiler karşısında, Jön Türkler'in isteklerine boyun eğmek zorunda kaldı ve yeni genel seçimlerin yapılmasına karar verildi.

Makedonya Locası... Yeniden Doğuyor

Bunları anlattıktan sonra, geriye doğru bir adım atıp 1900'e dönebiliriz. O yılın sonbaharında, "boğucu bir Eylül sonu akşamında, İstanbul'a henüz varan Orient Express'in yataklı vagonlarından birinden aristokrat görünümlü, orta yaşlı bir bey iniyordu";[16] "orta yaşlı bu bey" heykeltraş, ressam, aynı zamanda da İtalyan masonluğunun Büyük Üstat Yardımcısı olan Ettore Ferrari'den başkası değildi. Osmanlı başkenti "uzun bir yolculuğun başlangıç noktasını" oluşturuyordu,[17] bu yol onu Boğaziçi kıyılarından Piramitlere kadar ulaştıracaktı. Dışarıdan bakılınca, Ferrari'nin bu yolculuğu zevk için yapılan sakin bir geziye benziyordu: Doğu'da kendine esin kaynağı arayan bir sanatçının yolculuğu... İstanbul'da birkaç gün geçirdikten sonra, eski İtalyan mahfillerinin "uykudaki biraderlerine" nezaket ziyareti yapmak için, özel olarak, İzmir'e ve Selanik'e gitti.[18] Bu mahfillerdeki görevlilere İtalyan masonluğunun o dönemdeki Büyük Üstadı Ernesto Nathan'ın kaleme aldığı mesajı bizzat teslim etti. Büyük Üstad tüm Türkiye'deki locaları yirmi yıllık "uykularından" uyanmaları için yüreklendiriyordu:

İstanbul, Selanik ve İzmir Vadilerindeki Biraderlerime. Sevgili Biraderlerim,

---

15 Mehmet Şehmuz Güzel'in gayet iyi saptadığı gibi, askeri yetkililerin hoşnutsuzluğu 1908 devrimini alevlendiren nedenlerden biriydi; "Prélude à la révolution jeune-turque: la grogne des casernes", *Première rencontre internationale sur l'Empire ottoman et la Turquie moderne*, s. 247-285.

16 Salvatore Loi, "Il risveglio dei Giovani Turchi", *Hiram*, VIII (1987), No: 3, s. 83.

17 *a.g.e.*

18 Ferrari İzmir'de "Dante Alighieri" cemiyetinin merkez lokalini ziyaret etme fırsatını buldu. Karş. "Carte Isastia", Ferrari'ye İzmir'den mektup (8 Şubat 1903 tarihli). Akdeniz'de ulusal duygunun yaygınlaşmasında "Dante Alighieri"nin önemi konusunda, bkz. Patrizia Salvetti, *Immagine nazionale ed emigrazione nella Società "Dante Alighieri"*, Roma 1995.

sevgili ve ünlü Biraderimiz, Büyük Üstat Yardımcısı Ettore Ferrari, kentinize geldi. Ziyareti özellikle sanatsal amaçlar taşıyor; ama, üstün mason niteliklerine sahip olduğu için Rumeli'nin farklı yörelerine dağılmış olan Biraderleri bir araya toplayabilmek ve eski mahfilleri yeniden oluşturmayı denemek amacıyla bu görevi kabul etti. İnsan, Birader ve Sanatçı olarak üstün vasıfları bulunan Birader Ferrari'ye, İtalya'da ve yurt dışında benim ayrıca herhangi bir uyarıda bulunmama gerek kalmamaktadır. Sizler tarafından gerektiği gibi karşılanacaktır ve ziyaretinin bulunduğunuz Vadilerdeki mason yaşamının uyanışı için gereken temeli sağlamlaştırmasını temenni ediyorum.[19]

Ferrari'nin Türkiye'ye gelişi umulan etkiyi yarattı. Birkaç hafta içinde, Selanik'teki Makedonya locası, *Macedonia Risorta* adı altında, "Boulma Giani Sokağı'ndaki eski yerlerinde",[20] bir mabetten başka, bir sigara salonu ve bir kitaplık içeren binanın ilk katındaki lokalde yeniden düzenli olarak çalışmaya başladı. O dönemlerde, İtalyan masonluğunun işbirliği sayesinde, Jön Türkler ilk kez İmparatorluk sınırları içinde gizlice çalışabilme olanağına kavuştular. Makedonya locasının yeniden canlanışıyla İttihad ve Terakki Cemiyeti'nin doğuşu arasındaki bağlantı, olayların ve belgelerin ışığında, hiçbir kuşkuya yer bırakmamaktadır. Aynı Ettore Ferrari de "Masonluk ve Türk Devrimi"[21] başlıklı bir konferansında bizzat bunu doğrulamıştır. Yıllar sonra, Cenova'daki simgesel rite bağlı bir locada verdiği bu konferansa yetkili bir Jön Türk heyeti de katılmıştır.[22] Bu vesileyle, 1908'den önceki olayları özetlerken, konuşmacı aşağıdaki konulara değiniyordu: "Sürekli olarak, düşmanlarının eliyle, şiddet kullanılarak öldürülme korkusuyla yaşayan Abdülhamid, yalnızca kuşku ve nefret duyguları besliyordu. En acımasız intikamlara, işkencelere, mahkûmiyetlere,

---

19 S. Loi, "Il risveglio dei giovani Turchi", *a.g.e.*, s. 83

20 Eduardo Enriquez, Del Arbol, "Masoneria y diaspora Sefardi en el siglo XX: el origen de las logias otomanas (1907-1909)", *a.g.e.*, s. 563, not 39: "Boulma Giani Sokağında bahçe içinde iki katlı bir binaları vardı. Birinci katta, bir galeri, kabul salonu, sigara salonu ve kitaplıkla birlikte okuma salonunu da içeren ve sık sık toplandıkları mason kulübü yer alır. İkinci kattaysa, Mabet, sekreterlik, orta bölme (*hücre-i vasati*), bekleme odası ve düşünme (*tefekkür*) odası bulunur." 1907'de, İspanyol locası *Perseverancia n.e 292*'nin Selanik'te kuruluşundan sonra, lokal bu locaya geçti.

21 Ettore Ferrari, "La Massoneria e la rivoluzione turca", *a.g.e.*, s. 121-131. Konferans metni ayrıca tek başına da yayımlandı.

22 Buluşma 1910 yılının Mayıs ayında gerçekleşti. Bu tarih resmi görevli bir Türk heyetinin İtalya'ya geldiği günlere denk düşüyordu. Bu konudaki ayrıntılar için bkz. Enrico Catellani, "La visita degli Ottomani. Il significato e i propositi", a.g.e., s. 121-130. "Konferansta sunulan bilgilerin pek çok bölümü -diye belirtir Ferrari- Selanik'teki "*Macedonia Risorta*" locasının Muhterem'i de olan Saygıdeğer Birader M. Levi'nin değerli katkılarıyla sağlanmıştır".

sürgünlere, en haksız idamlara neden oluyordu. Belki de bu şekilde devrim tohumlarını korku içinde boğacağını düşünüyordu. Aksine, sanki tepkinin ve zorbalığın yoğunlaşması kendisi için gerekli öğelermiş gibi, bu tohumlar olgunlaşıyor ve hızla serpiliyordu. [...]. Hükümetin, halk arasındaki özgürlük ruhunu besleyen her tür girişimi önleyecek ve boğacak en etkili silahı hafiyelikti." Ve sözlerini şöyle sürdürüyordu: "Türk yasaları örgütlenme hakkını tanımıyor ve buna izin de vermiyordu; gizlice oluşturulan topluluklar da -hafiyelerin ihbarlarıyla- hemen lağvediliyor ve üyeleri de hapse atılıyordu. İşte bu aşamada, o zamana kadar hiçbir sonuç [...] vermeyen masonluğun çabaları yardımcı oldu. Hürriyet hareketinin şeflerinden bazıları Avrupa yolculukları sırasında kuruluşumuzun varlığını fark etmişler ve ilkelerinin iyiliğini sezmişlerdi [...]. Masonluğa başvurmaya karar vermişler ve içlerinden üç kişi, Selanik'te İtalyan Maşrık-ı Azamı'na bağlı *Macedonia Risorta* locasının yüksek mevkideki görevlilerine kendilerini tanıtmışlardı. Çalışmalara katılmaya hazır olduklarını bildirmişler ve yaşadıkları zulme karşı onlardan yardım talep etmişlerdi [...]. Toplumsal konumları kadar ifade ettikleri duygular nedeniyle de ailemize katılmaya layık görülen bu kişileri -tüm Rit formaliteleri yerine getirildikten sonra- Loca bağrına bastı [...]. *Macedonia Risorta* locasında önceden tekris edilmiş başka iki Türk liberal de bu üç yeni Biradere katıldı. Böylece Jön Türkler topluluğunun ajitasyon örgütünün ilk grubunu kurmuş oldular".[23]

Söz konusu olan bu "Jön Türkler" kimdi -şimdi bunu sormanın tam zamanı-? Biraz önce de söylediğimiz gibi, 1906 yılının Ağustos ve Eylül ayları arasında kurulan İttihad ve Terakki Cemiyeti'nin genel karargâhı Selanik'teydi. Bu cemiyet başlangıçta 10 üyeden meydana geliyordu, bunların her birine "yaşlarına göre" 1'den 10'a kadar bir numara verilmişti.[24] Kuruluşu yönetmek üzere dört üye seçildi; bilindiği gibi, bunlar

---

23 E. Ferrari, "La Masonneria e la rivoluzione turca", *a.g.e.*, s. 122 ve devamı... "Selanik Masonluğu bu toplulukta Osmanlı olmayan diğer beş biraderide gönüllü olarak görevlendirdi. Yabancı oldukları için bu kişiler Fransa, Bulgaristan, İsviçre'de ikamet eden ve yaşamlarını tehlikeye atmadan vatanlarına ayak basamayan mülteci Jön Türk grubuyla yazışmaları sürdürme özgürlüğüne sahiptiler. Devrimci cemiyetin işleyişi yabancı masonların çalışması tarafından böyle korunduğu için, başarılı şekilde sürüyordu. Cemiyet üyeleri, güvenlik içinde toplanıp durum değerlendirmesi yapabilecekleri bir yere sahip olmadıkları için, *Macedonia Risorta* Locası'nın Bekleme odası merkezleri olmuştu. O fevkalade devrim eserinin orada hazırlanıp saat saat yönetildiğini söyleyebiliriz".

24 "Osmanlı Hürriyet Cemiyeti, yaşlarına göre 1'den 10'a kadar numaralanmış 10 kişilik bir grupla işe başladı. [...] Bu 10 kişi arasından Mehmed Talat, Rahmi [Evrenos], Midhat Şükrü [Bleda] ve İsmail Canbolat dört kişilik merkez komiteye

Mehmed Talat, Rahmi bin Rıza, Midhat Şükrü ve İsmail Hakkı Canbolat'tı. Bu sonuncular, Canbolat[25] dışında, *Macedonia Risorta* locasında 1903 yılında tekris edilmişlerdi. Bunu İtalya Maşrık-ı Azamı Tarih Arşivi'ndeki[26] yazılı belgelerden öğreniyoruz. 1908 Temmuz'unun ertesinde, Rahmi de,[27] Karasu gibi, Selanik İdadisi tarafından Osmanlı Meclis-i Mebusan'ına seçildi; Talat Bey[28] Meclis-i Mebusan'ın reis vekiliydi; Midhat Şükrü de, bundan böyle yasallaşan İttihad ve Terakki Cemiyeti'nin sekreteriydi; bu adlara bir de, geleceğin Maliye Nazırı Mehmed Cavit eklenmelidir. Mehmed Cavit aynı zamanda "İspanyol Maşrık-ı Azamı"na bağlı olan Selanik'teki *Perseverancia* locasının da üyesiydi.[29]

seçildi. Merkez komitede yalnızca İsmail Canbolat asker olmasına rağmen, 10 kişiden yedisinin askeriyeyle ilişkisi vardı."; karş. Feroz Ahmad, "İttihad ve Terakki Cemiyeti", *a.g.e.*, s. 284.

25 İsmail Hakkı Canbolat İtalyan masonluğuna ancak 1907 yılında girdi. Bkz., aşa. not 26.

26 Bu kişilerin çıraklık derecesiyle tekrislerinin kesin tarihini, matrikül numaraları, doğdukları şehir ve meslekleriyle birlikte belirtmek yerinde olur (adlar özgün belgelerdeki yazım şekline uygun olarak alınmıştır): Mehmed Talat, matrikül no. 15209, 1869 Selanik doğumlu, kâtip, 06.12.1903 tarihinde tekris edilmiş; Rahmi bin Rıza, matrikül no. 16033, 1880 Selanik doğumlu, tüccar, 19.11. 1903'de tekris edilmiş; Midhat Şükrü, matrikül no. 15757, 1874 Selanik doğumlu, memur, 19.09.1903 tarihinde tekris edilmiş; İsmail Hakkı Canbolat, matrikül no.24819, 1880 İstanbul doğumlu, yüzbaşı, 21.09.1907 tarihinde tekris edilmiş. Karş. ASGOI, kaynak "Matrikül Defterleri". Demek ki "İttihad ve Terakki Cemiyeti"nin hazırlık dönemi tarih yazıcılığı tarafından genelde belirtilenden daha uzun sürmüştür. Bu yeni kronolojik verilerin ışığında, kanımızca, pek çok kişinin desteklediği savı yeniden gözden geçirmek yerinde olur. Bu iddiaya göre, Selanik'teki "Jön Türkler" ancak 1906 yılından sonra devrim amaçlı bir örgütlenmeye yönelmişlerdir.

27 Evrenos diye de tanınan Mustafa Rahmi. E. E. Ramsaur'a göre, *a.g.e.*, s. 176, "İttihad ve Terakki'ye 1906'da katıldı ve Talat'ın grubunun nüfuzlu bir üyesi oldu". Gerçekte, yukarıda da görüldüğü gibi, Rahmi, Talat ve arkadaşlarını 1903'de tanımıştır.

28 Mehmed Talat (1874-1921), 1913'ten sonra imparatorluğun kaderini değiştirecek olan ünlü "triumvira"nın üyelerinden. Talat, ayrıca Bektaşiydi. Ramsaur, "Bektaşilik Jön Türk devriminin hazırlanmasında rol oynadı" diye yazar; "The Bektashi Dervishes and the Young Turks", *The Moslem World*, XXXII (1942), s. 7-14: "Dervişlerin kendilerini masonlarla eş tutmaları ve onlarla kardeşliğe meyilli olmaları ilginçtir. [...] Avrupa masonluğu ile Bektaşilik arasında bir ilişkinin varlığı - ya da geçmişte var olduğu- bazı yazarlar tarafından ileri sürülmüştür. Richard Davey [*The Sultan and his Subjects*, New York, 1897, I, s. 97], tarikatın Fransız mason localarından bazılarıyla yakın ilişkiler kurduğu söylentilerini duyduğunu belirtir. Brown [*The Darvishes or Oriental Spiritualism*, Londra, 1927, s. 64], 1867'de bazı Müslüman arkadaşlarının Avrupa'da mason olduklarını kaydeder."

29 Karş. E. E. Arbol, "Masoneria y diaspora Sefardi en el siglo XX: el origen de las logias otomanas (1907-1909)", *a.g.e.*, s. 565. Mehmed Cavid, *Macedonia Risorta*'ya üye olmamakla birlikte, İtalyan locasının merkezinde yapılan

Makedonya locası "yeniden doğuşu"nu Ettore Ferrari'ye olduğu kadar, genç bir *Sefarad* avukata: Emanuel Karasu'ya[30] da borçluydu. Karasu, "Jön Türkler'i toplantılarını mason localarında yapmaya davet etme fikri" ondan çıktığı için, sık sık İtalya Maşrık-ı Azamı ile Jön Türkler arasındaki gerçek bağlantı halkası olarak gösterilmiştir.[31] Yine Karasu, devrimin ertesinde, bu alanda elde edilen başarıları göz önüne alarak, İttihad ve Terakki Cemiyeti hesabına son derece hassas görevleri yerine getirmiş, bu arada polemiklerin

toplantılara sık sık katılıyordu (karş. aşa., not 34). Bu kişinin yüksek finans dünyasındaki çalışmaları konusunda, bkz. Jacques Thobie, "Jeunes-Turcs et haute finance", *Première rencontre internationale sur l'Empire Ottoman et la Turquie moderne*, s. 397-427; "İttihad ve Terakki Cemiyeti'nin üyeleri arasında, uluslararası sermaye hareketlerine bağlı sorunların gerçekten bilincinde olan kişilerin sayısı çok azdı. Burada başlıca görev, 1909'dan 1918'e kadar, Cemiyet'in en önemli kişilerinden biri olan Cavid Bey tarafından üstlenilmiştir. Maliye kulislerinde ya da nazırlığında, Müslüman olmuş Selanikli Musevi (*dönme*), mason Cavid Bey, uluslararası finans piyasasının, özellikle de Fransız, İngiliz ve Alman bankacıların ayrıcalıklı muhatabıydı."; karş. *a.g.e.*, s. 398.

30 Carasso adı sonradan Karasu olarak Türkçeleştirilmiştir. İncelediğimiz belgelere göre, Karasu, 1902'nin sonuyla 1903'ün ilk günleri arasında 13450 matrikül numarasıyla çıraklık derecesiyle locaya tekris edildi; karş. ASGOI, kaynak "Matrikül Defterleri", no. 13450.

31 "Karasu daha sonra İttihad ve Terakki Cemiyeti'nin önde gelenlerinden biri oldu. 1909'da Abdülhamid'e tahttan indirildiğini tebliğ eden Meclis-i Mebusan heyetinde yer aldı. Meclis'te, diğer Yahudi mebuslar gibi, en önce ve en çok Türk olmaya sürekli özen gösterdi. Bu Türk Yahudilerinin geleneksel davranışıydı. Birçok Türk gibi [...] o da bu dönemde cebini doldurdu, ancak Osmanlı topraklarındaki Yahudileri etkileyen konularda Türk görüşünü her zaman benimsedi. Örneğin en sert anti-siyonist tedbirleri bile destekledi."; karş. E. E. Ramsaur, *a.g.e.*, s. 108-109, not 32. Jacob Landau'ya göre de, "Türk milliyetçisi ve mason olarak, Karasu siyonizme hiçbir yakınlık duymuyordu; ama bildiğimiz kadarıyla, ona karşı bir tavır da almadı. Bununla birlikte, siyonizmin Osmanlı çıkarlarıyla yeterince bağdaşmamasından hareketle, Karasu yakın olduğu Osmanlı yönetici çevrelerinde siyonizm davasına yardımcı olmadı.", J. Landau, "Les Jeunes-Turcs et le Sionisme: une reconsidération", *Première rencontre internationale sur l'Empire Ottoman et la Turquie moderne*, s. 393. Jön Türklerin başkaldırısına, birkaç istisna dışında, Yahudilerin katkısı çok önemli değildir. Bu konuda bkz. Esther Benbassa'nın ölçülü düşünceleri, "Les Jeunes-Turcs et les Juifs (1908-1914)", AA. VV., *Mélanges offerts à Louis Bazin par ses disciples, collègues et amis*, Paris 1992, s. 311-321. Yine de İttihad ve Terakki Cemiyeti saflarındaki Yahudi ve Mason varlığı, Osmanlı İmparatorluğu ve İslamiyet aleyhine kurulan "Yahudi-Mason komplosu"yla ilgili talihsiz söylentiyi aşırı derecede besledi; Bernard Lewis'e göre (*The Jews of Islam*, Princeton 1984, s. 178) "komplo" düşüncesi, "1. Dünya Savaşı sırasında, Arapların gözünde Jön Türk rejimini küçük düşürmek için her yola başvuran müttefik devletlerin propagandalarıyla" Ortadoğu'da yayılmaya başladı.

arı kovanına da elini sokmuştu.[32] *Macedonia Risorta*'nın Üstad-ı Muhterem'i Karasu'nun onayıyla, Jön Türkler locayı, daha doğrusu Bekleme Odası'nı hareketlerinin merkezi ve arşivi olarak kabul ettiler. İlk zamanlarda, polis locanın lokallerine doğrudan girmeye cesaret edemedi, çünkü bunlar, "en azından görünüşte, yabancı Biraderlerin malıydı ya da onların himayesindeydi. Ama, bir akşam [...] tüm üyelerin hazır bulunduğu bir oturum sırasında, hararetli tartışmaların tam ortasında, Mabet'e telaşla giren bir Birader, çıkış kapısında [...] kılık değiştirmiş birkaç sivil polisin beklediğini haber verdi. Durum vahimdi, çünkü Jön Türk Cemiyeti'nin en etkin üyeleri Loca'daydı, bu kişilerin arasında Manyasizade Refik Bey,[33] Emanuel Karasu, Cavid, Rahmi Bey [...] ve Talat Bey" vardı.[34]

---

32 18 Haziran 1934 tarihinde Londra'daki *Times* gazetesinde yayımlanan kısa bir ölüm ilanı, yetmiş bir yaşındaki Emanuel Karasu'nun Trieste'de vefat ettiğini bildiriyordu. İngiliz gazetesi ünlü soğukkanlılığını elden bırakmadan, geleneksel okuyucularının gözünde en azından kısa ve özlü sayılabilecek bir düşünceyi belirtme fırsatını yakalamıştı: "Arkasından pek ağlanmayacak" (s. 11). Gerçekten de, aynı gazetenin anlattığına göre, Selanikli yaşlı avukatın siyasal yaşamında birçok yüz kızartıcı olay vardı. Makalenin adı bilinmeyen yazarı, I. Dünya Savaşı sırasında Jön Türkler tarafından iaşe müfettişliğine getirilen Karasu'nun, sivil halka dağıtılması gereken mallardan kazanç sağlamaktan ve 2 milyon Türk Lirasından fazla bir meblağı cebine indirmekten çekinmediğini okuyucularına anımsatıyordu. Oysa bu sırada "çok sayıda yoksul açlıktan ya da küflenmiş ekmeklerin yol açtığı hastalıklardan ölüyordu". 1919'dan sonra artık Yunanistan'a ait olan Makedonya'yı terk eden pek çok başka Selanikli Yahudi gibi, Karasu da kızıyla birlikte, Napoli'ye göç etti. Göç eden bu kişilerin arasında -Samuele Varsano'nun kaydettiği gibi- "Türkiye'de siyasal etkinliklere katılmış ve mecliste Jön Türkler'i temsil etmiş olan Bay Karasu adında biri vardı", karş. "Ebrei di Salonicco immigrati a Napoli (1917-1940): una testimonianza", *a.g.e.*, s. 119-126, özel. s.123. İtalya'ya varışıyla ölümü arasında geçen sürede Karasu'nun neler yaptığı bilinmiyor. Her ne olursa olsun, avukat, mason, Jön Türk ve mebus olan, Selanik ayaklanmasının bu gizemli kahramanı hakkındaki incelemelerin azlığına, neredeyse yokluğuna şaşmamak elde değil. Yalnızca İstanbullu bir tarihçi, Roni Margulies, onun biyografisiyle ilgilendi: Karş. "Emanuel Karasu biyografisine bir başlangıç", *Toplumsal Tarih*, IV (1995), No: 21, s. 24-9 (devamında Edhem Eldem'in bir "düzeltmesiyle", "Emanuel Karasu biyografisine bir devam?", *Toplumsal Tarih*, IV (1995), No: 23, s. 43-45.

33 Refik Bey 17.11.1906 tarihinde 22714 matrikül numarasıyla kaydedilmiştir (karş. ASGOI, kaynak "Matrikül Defterleri"). 1909 yılının Mart ayında ölümü üzerine *Rivista Massonica* gazetelere aşağıdaki ölüm ilanını gönderdi: "Geçtiğimiz 4 Mart günü, Osmanlı İmparatorluğu Adliye Nazırı, Ekselansları Manyasizade Refik Bey, İstanbul'da dünyamızdan ayrıldı. İtalya Maşrık-ı Azam obediyansına bağlı Selanik Maşrıkı'ndaki "*Macedonia Risorta*" Büyük Locası'nın etkin Biraderlerinden biriydi. Locamızı ve dolayısıyla da İtalyan Ailesini derinden yaralayan bu yeri doldurulmaz kayıp, müteveffa Biraderin Masonluk erdemleri, locaya karşı beslediği büyük sevgi ve o Vadilerde locamızı halkın gözünde inandırıcı kılan ilkelerimizin zaferi için gösterdiği çaba ve etkinliğinin yokluğu bundan böyle [!] kendini daha da çok hissettire-

1901 ile 1908 yılının Nisan ayı arasında *Macedonia Risorta* locasında tam 188 kişi tekris edildi, bunlardan 23'ü Rumeli'de karargâh kurmuş II. ve III. Kolordu'nun üst rütbeli muvazzaf subaylarıydı.[35] Bugüne kadar kullanmaya gerek duymadığımız bu veri, İttihad ve Terakki Cemiyeti ile masonluğun Osmanlı ordusu saflarına özel olarak sızdıklarını onaylayan bir diğer kanıttır. Jön Türkler'in kitle halinde İtalyan locasının sütunları arasına yönelişi, bazı "biraderler" tarafından masonluğun siyasetler üstü amacından tehlikeli bir sapma olarak algılandı. Protesto gösterisi olarak, bir grup mason Fransa Maşrık-ı Azamı obediyansına geçmek için İtalya Maşrık-ı Azamı'ndan ayrılmaya karar verdiler. Diğerleri, daha belirsiz nedenlerle, İspanyol masonluğunun vesayetine geçmeyi yeğlediler.[36] Bu ve diğer karışıklıklara rağmen, Palazzo Giustiniani Selanik'ten düzenli olarak gelen terfi taleplerini karşılamayı sürdürdü (karş. Tablo 2). Üyeliklerin düzenli bir şekilde arttığını gören, İtalya Maşrık-ı Azamı, 1906 yılında, *Labor et Lux*[37] adında ikinci bir mahfilin açılmasına izin verdi.

cektir"; karş. "Sua Eccellenza M.Refik Bey", *Rivista Massonica*, XL (31 Mart 1909), No: 5-6, s. 143.

34 "Hemen Kurul toplandı, bu kişilerin Biraderlerin oluşturduğu kalabalık arasında, topluca lokalden çıkmasına karar verildi: Böylece, karışıklık arasında, casuslar aradıkları kişileri fark edecek zamanı bulamayacaklardı"; Ettore Ferrari, "La Massoneria e la rivoluzione turca", *a.g.e.*, s. 127.

35 ASGOI verileri üzerinde yaptığımız çalışmalar, kaynak "Matrikül Defterleri". Askerler arasında İsmail Hakkı adı göze çarpıyor (matrikül no. 25258), erkân-ı harp binbaşı, 13.12.1907 tarihinde tekris edilmiştir.

36 Selanik'te tekris "çılgınlığı", "biraderler" arasında tatsızlığa neden oluyordu. 1907 yılında, rekabet öylesine yoğunlaştı ki, Palazzo Giustiniani'deki yöneticilerin kulağına kadar ulaştı. Onlar da, büyük bir titizlikle, Selanik'te İtalyan localarıyla İspanyol masonluğunun himayesi altındaki bazı gayrı nizami topluluklar arasındaki anlaşmazlığın varlığına değindiler: "Saygıdeğer Biraderler, 18850 sayılı ve 27 Mart tarihli yazımızla Selanik'te bulunan gayrınizami bir mason topluluğu hakkında sizlere bilgi vermiştik. Söz konusu topluluk İspanyol masonluğuna kabul için başvuruda bulunmayı öneriyordu. Tarafınızdan hiçbir yanıt bizlere ulaşmadı. Muhterem olarak Bay L. Maissa ve Kâtip olarak da Bay Oscar Misrachi'nin temsil ettiği bu topluluk şimdi de Selanik'teki localarımıza "*Perseverancia*" adıyla loca oluşturduğunu ve obediyansınıza kabul edildiğini bildiriyor. Localarımızla yukarıda adı geçen loca arasındaki ilişkileri düzene koymak amacıyla, katılımının tarafınızdan gerçekten kabul edilip edilmediğinin tarafımıza bildirilmesini rica ederiz". 22 Mayıs 1907 tarihli mektup Salamanca'da "Archivio Historico Nacional"da (Ulusal Tarih Arşivi) bulunmaktadır, "Guerra Civil" (İç Savaş) bölümü, dosya 245-A-I. Karş. aşa., Resim 16. Bu konuda daha fazla bilgi ve diğer ilginç belgeler için bkz. Marco Novarino, "Le relazioni italo-spagnole tra istituzioni massoniche nell'archivio storico nazionale di Salamanca", *Spagna Contemporanea*, I (1992), No: 2, s. 111-124.

37 İskoç Riti'ne bağlı loca 1906 yılında *Macedonia Risorta*'ya bağlı kişiler tarafından

TABLO 2. *MACEDONİA RİSORTA* LOCASI ÜYELİKLER

Yıllar	Üye Sayısı	Askerler
1901	1	-
1902	8	-
1903	48	1
1904	35	7
1905	18	-
1906	20 → *Labor et Lux*	4
1907	17	3
1908	18	3
Nisan 1909	24	5

Kaynak: ASGOI verileri üzerinde araştırma, "Matrikül Defterleri"

14 Nisan 1909'da, Padişah'ın yeni bir darbe yapma tehdidi karşısında, Üstad-ı Muhterem Emanuel Karasu, 3. Kolordu kumandanı olan paşa, Selanik Valisi ve Telgraf Müdürü, tüm "biraderler" "Dahiliye Nazırı'na çok sert bir telgraf gönderdiler ve onu tehdit ettiler [...] hürriyet düzeni yeniden kurulmazsa, halk isyan edecek ve 3. Kolordu da İstanbul'a yürüyecekti. Bu arada Selanik'in gücü yerinde olan halkı da, vatan sevgisi dolu konuşmaların etkisinde, gerçekten silaha sarılmıştı [...], tüccarlar işyerlerini kapamışlardı, öğrenciler okulu bırakmış, silah altına alınmayı bekliyorlardı. Bu arada hükümet Kanun-ı Esasi'nin yeniden yürürlüğe konacağı konusunda kesin bir güvence vermiyordu; bunun üzerine askeri birliklerle yüklü trenler İstanbul'a doğru hareket etmeye başladı. Selanik seferinin sonucu biliniyor. Herkes tarafından bilinmeyen konuysa, sokaklarda yaylım ateş sürerken, tutuklanmak üzere izlenen ve aranan liberallerin localarda himaye edildikleriydi; yeni ve beklenmedik devrimin karmaşık ve

kurulmuştu. 1908 Ağustos'unda İngiliz gazetesi *The Morning Post*'ta yayımlanan bir röportajda Adliye Nazırı Refik Bey açıkça şunu belirtiyordu: "İtalyan masonluğundan manevi destek gördüğümüz doğrudur. İki İtalyan locası, *"Macedonia Risorta"* ve *"Labor et Lux"* bize büyük hizmetler verdi ve barınak sağladı. Orada masonlar olarak toplanıyorduk, çoğumuz da masonduk, fakat aslında örgütlenmek için buluşuyorduk. Bunun yanı sıra yoldaşlarımızın büyük bir bölümünü, üyelerini ince eleyip sık dokuyarak seçmeleri nedeniyle Cemiyetimiz için bir elek işlevi gören bu localardan seçtik. Selanik'te yürütülen gizli işler İstanbul'da belli belirsiz bir şüphe uyandırıyordu ve muhbirler boş yere bir ipucu elde etmeye çalışıyorlardı. Ayrıca bu localar, ihtiyaç halinde İtalyan Sefareti'nden müdahale teminatı almış olan İtalyan Maşrık-ı Azamı'na bağlıydı"; bu parça E. E. Ramsaur'un yapıtında okunabilir, *a.g.e.*, s. 107.

coşkulu hareketi localardan yönetiliyordu [...]. Gericiliği kesin olarak kırmak için Jön Türkler padişahı tahttan indirdiler".[38]

Şark'ın Maşrık'ı

Reformların yolu üstündeki tüm engeller ortadan kaldırılınca, yeni Jön Türk hükümeti, devrimlerine yakınlık ve ilgi göstermiş olan ülkelerden mümkün olan en büyük desteği sağlayabilmek amacıyla yüzünü dışarıya çevirdi. Bu arada, Osmanlı masonları, Batılı masonluklarla boy ölçüşebilecek ulusal bir Maşrık-ı Azam[39] oluşturma zamanının geldiğine karar verdiler:

> İstanbul'dan gelen haberlere göre, Türkiye'deki seçkin siyaset adamları bu ülkede bir mason örgütü kurmayı düşünüyorlardı. Uzun zamandan beri gölgede kalmaya zorlanan Türk masonları, Adliye Nazırı ile çeşitli ayan heyeti üyelerinin ve mebusların hazır bulunduğu bir toplantıda Müşir Fuad Paşa'nın çevresinde bir araya geldiler. Türkiye'de bir Büyük Loca'nın oluşumu için girişimler yapılması önerisi oybirliğiyle kabul edildi.[40]

---

38 E. Ferrari, "La Massoneria e la rivoluzione turca", *a.g.e.*, s. 130.

39 "Bir süreden beri bazı Biraderler, özellikle de İtalyanlar, Osmanlı İmparatorluğu için İstanbul'da özerk bir Mason merkezi -Maşrık-ı Azam ya da Şura-yı Âli- oluşturmayı yüreklerinden geçiriyorlardı. İtalya Maşrık-ı Azamı bu girişime karşı çıkmıyordu; aksine, açıkça belirtilen bazı koşullar altında, onu destekliyordu. Koşullar kısa ve açıktı: Bu Osmanlı Merkezi'nin oluşumunda izlenecek yolun Birlik'in organik yasalarına ve düzenine uygun olması, İmparatorluk içinde oluşturulmuş Locaların çoğunluğunun, bir Yüksek Şura toplantısına katılmak üzere yasal temsilcilerini göndererek iştirak etmeleri gerekiyordu. Öbür yandan, İtalya Maşrık-ı Azamı da Türkiye'nin en önemli merkezlerinde kendi obediyansı altında localar bulundurma hakkını saklı tutuyordu. Ulaşan bilgiye göre bu bağımsız Mason Merkezi İstanbul'da özellikle Birader Nicola Forte'nin çabalarıyla oluşturuldu. İtalyan locası *"Bisanzio Risorta"*nın Muhterem'i olan Forte, Osmanlı Merkezi'nin oluşumu neredeyse bir oldubitti halinde gerçekleşeceği anda, talihsiz bir şekilde bu dünyadan ayrıldı. Müteveffa Birader Forte anlaşıldığı kadarıyla düzensiz, aceleye getirilmiş ve fırtınalı bir girişimde bulunmuştu: Öyle ki daha deneyimli olan Biraderler buna karşı çıktılar. Bu amaçla, Maşrık-ı Azam-ı Osmani'ye katılıp katılmadıkları, eğer iştirak ediyorlarsa bunun ne şekilde gerçekleşeceği konusunda açıklama istenen localar (özellikle de Makedonya İtalyan locaları), İtalya Maşrık-ı Azamı tarafından kendilerine yöneltilen bu soruya bu oluşumda hiçbir şekilde yer almayacaklarını bildirerek yanıt verdiler. İşler bu durumdayken -şu sırada başka konulara girmemize gerek yok- Maşrık-ı Azam-ı Osmani'nin Evrensel Masonlar Birliği'ni oluşturan yetkililer tarafından tanınıp kabul edilmesi de çok güç olacaktır"; karş. "Grande Oriente Ottomano", *Rivista Massonica*, XL (1909), No: 7-8, s. 191.

40 Karş. "Una nuova associazione massonica in Turchia", *Acacia*, I (1909), s. 69: "Bugüne kadar Türkiye'de yalnızca yabancı kuruluşlara bağlı localar vardı. Bilindiği kadarıyla Osmanlı İmparatorluğu'nda İngiltere Birleşik Büyük Locasına bağlı dört, Fransa Maşrık-ı Azamı'na bağlı iki, Fransa Büyük Locası'na bağlı bir, İtalya Maşrık-ı Azamı'na bağlı dört, İspanya Maşrık-ı Azamı'na bağlı bir loca bulunmaktadır; toplam 14 mahfilden büyük bölümü Selanik'te yer almaktadır".

Gerçek ve asıl Jön Türk heyetleri ulusal davayı dışarıda savunmak için Avrupa'ya gitmek üzere görevlendirildiler. Daha 1908 yılının sonunda, mason ve liberal dünyanın ileri gelenleriyle buluşmak üzere İttihad ve Terakki Cemiyeti'nin üç görevlisi Paris'e gitmişti bile. Türünün ilk örneği olan bu ziyaret, Paul Dumont tarafından ayrıntılı bir şekilde yeniden canlandırılmıştır. Dumont'a göre böyle bir girişim, öncelikle, Balkanlar'daki bunalımda[41] Osmanlı çıkarlarını korumaya ve savunmaya yönelikti; ikinci amaç da, "Türkiye'nin gencecik özgürlüklerine karşı diplomatik şansölyeliklerin gölgesinde hazırlanan suikast konusunda kamuoyunu aydınlatmaktı".[42] Fransa'dan sonra İtalya'ya gönderilen bir Jön Türk heyeti de 1909 yılının Mayıs ayında oraya ulaştı.[43] *Rivista Massonica* da, Büyük Üstat Ferrari'nin bizzat imzaladığı bir mektupla, Jön Türkler'den oluşan bir topluluğun İtalya'da bulunduğunu okuyucularına haber veriyordu. Bu topluluğun içinde, "Osmanlı İmparatorluğu'nun özgürlük ve uygarlık davasına yaptıkları yardımlarla tanınan ve sayıları pek az olmayan Biraderlerimiz" de yer alıyordu.[44] Bunların arasında, "Heyet reisi birader Nesib Bey" en başta geliyordu.[45]

> Bu Biraderler, Bari, Venedik, Milano, Torino, Cenova, Spezia, Roma, Terni ve Napoli'de gördükleri coşkulu karşılamadan yalnızca hoşnut kalmamışlar, heyecan da duymuşlardır.[46]

Toscanalı mason ailesi, "İtalya'daki Türk Heyetinin, kentin belli başlı sanat ve sanayi kuruluşlarını ziyaret etmek üzere Livorno'ya geleceğini bildiği için [...] sevgili biraderleri Birleşik Localar'ın olağanüstü celsesinde hazır bulunmaya davet etti, onlar da bu davete kalabalık bir şekilde katıldılar":

---

41 "1908 Ekim'inin ortalarına doğru, Bulgaristan'ın bağımsızlığını ilan etmesi, Avusturya'nın Bosna-Hersek'i alması ve Giritlilerin kendi istemleriyle Yunanistan'a katılmaya karar vermeleriyle çıkan bunalımın tüm şiddetiyle sürdüğü günlerde, bazı Fransız gazeteleri, Doktor Nazım ve Yarbay Ahmed Cemal gibi İttihad ve Terakki Cemiyeti'nin iki önemli üyesinden oluşan bir Jön Türk heyetinin Paris'e geldiğini bildiriyordu. İttihatçılar bu heyete Selanikli bir Musevi tüccar olan Henri de Toledo'yu da katmıştı"; P. Dumont, "Une délégation jeune-turque à Paris", *a.g.e.*, s. 305.

42 *a.g.e.*

43 Karş. yuk. not 22.

44 "I Giovani Turchi in Italia", *Rivista Massonica*, XLI (1910), No: 9-10, s. 231.

45 "20 Mayıs Cuma akşamı Torinolu mason locaları İtalya'ya gelen Osmanlı heyetinde yer alan biraderlerle kutlama yapıyorlardı. Kutlama görkemli bir ziyafetle [...] başladı. Bu kutlama törenine Selanik'teki *Macedonia Risorta, Labor et Lux, Fazilet, Veritas, Perseverancia, Philippos* localarının Muhterem Biraderleriyle birlikte Nesib Bey'in başkanlık ettiği 30 kadar Osmanlı birader de katıldı"; karş. Ettore Ferrari, "Onoranze ai Fratelli Turchi", *Rivista Massonica*, XLI (1910), No: 11-12, s. 271.

46 "I Giovani Turchi in Italia", *a.g.e.*, s. 231.

25 Mayıs Çarşamba akşamı Birleşik Localar'ın Borra sokağındaki muhteşem lokalinde verilen davete saat 21.30'da, Türk biraderler, Muktedir Birader Aristide Dello Strologo'nun eşliğinde görkemli bir şekilde katılıyorlardı.

O anda çevreye şöyle bir bakmak insanı mestetmek için yeterliydi. Güzelim Mabet'in duvarları sayısız elektrik lambasının ışığı altında parıldıyordu, biraderlerin göğsünü süsleyen alacalı mason rozetleri, kalın siyah giysilerinin üstünde canlı bir şekilde göze çarpan kırmızı fesli Türk biraderlerin oluşturduğu uzun sıra, davete görkemli bir çekicilik veriyordu. Tüm bakışlar sevgili konuklara çevrilmişti. En candan, sevgi dolu selamlar onlara gönderiliyordu. Küçük bir hareket üzerine birden sessizlik çöküverdi, kılıçlar indirildi ve Saygıdeğer Birader Dello Strologo şu kısa ama anlamlı sözcüklerle Türk biraderlere hoş geldiniz dedi: "Sizlerin şahsında, ünlü ve sevgili Biraderlerim, İnsanlığın ve İlerlemenin Şövalyelerini selamlıyorum [...]. 1909 yılı Tarih'te önemli, büyük bir olayı anımsatacak ve Masonluk yıllıklarında da Sayın *Macedonia Risorta* Locası ve Selanik'tekinin kardeşleri olan öbür Localar için zafer dolu bir sayfa açacaktır. Selanik ayrı bir önem taşır, çünkü büyük vatanınıza Kanun-ı Esasi ile birlikte özgürlüğü de taşıyan yürekli girişim burada yeşermiştir.[47]

Jön Türkler için yapılan dostluk ve konukseverlik gösterileri öylesine pahalıya malolmuştur ki, olağandışı bir şekilde Maşrık-ı Azam Şurası'nda yapılan masraflara yardım edilmesi istenmiştir.[48] "Tedbirli bir bekleyiş" dönemini, Jön Türk "kervanı"nın İtalya'daki yolculuğu ardından, yeni doğmuş "Maşrık-ı Azam-ı Osmanî"nin (Türkiye Büyük Maşrıkı) Palazzo Giustiniani tarafından tanınması izledi.[49] 8 Aralık 1909 günü, dosya ve bilgi değiş tokuşundan sonra, İtalya Maşrık-ı Azam Şurası, "belge ve tutanakların"[50] düzenle tutulmuş olduğunu "göz önüne alarak" Türkiye'yi tanımaya karar verdi. Büyük Üstad'a göre, Maşrık-ı Azam'ı Fera'nın İskoç Yüksek Şurası vasıtasıyla yerinden etmeye çalışan Piazza del Gesu'da-

47 E. Ferrari, "Onoranze ai Fratelli Turchi", *a.g.e.*, s. 275 ve devamı.

48 Karş. ASGOI, kaynak "Kurul Tutanakları", Haziran 1909.

49 "Grande Oriente Ottomano", *a.g.e.*, s. 238-239: "Resmi kaynaklardan öğrendiğimize göre, Maşrık-ı Azam-ı Osmani ismen var, cismen yoktu, çünkü Üstad-ı Azam Örfi Paşa bir aydan daha uzun bir süre önce vefat etmişti ve Üstad-ı Azam Muavini Hamada Paşa da görevi kabul etmediğini bildiriyordu. Maşrık-ı Azam-ı Osmani'nin kuruluşuna katılmış olan üç Muhterem, bu olaylar karşısında, duruma el atmaları gerektiğini kabul ettiler. Bu olaylar Maşrık-ı Azam-ı Osmani'nin ilanı karşısında İtalya Maşrık-ı Azamı'nın sakınımlı davranışını yeterince açıklamakta, doğrulamaktadır".

50 ASGOI, kaynak "Kurul Tutanakları", 8 Aralık 1909: "Üstad-ı Azam Türkiye Maşrık-ı Azamı'ndan kendine ulaşan resmen tanınma talebini de sunar. Maşrık-ı Azam'ın oluşumuyla ilgili belge ve tutanakların düzenli olduğunu; Fera'nın manevraları, oyunları karşısında bile, genç Türkiye Maşrık-ı Azamı ile İtalya Maşrık-ı Azamı arasındaki resmi bağların uygun şekilde tanzim edilip tamamlandığını gözönüne alan Kurul, tanınma talebinin kabul edilmesine karar verir". Karş. ek. belge 4.

ki rakip masonluğun "ayak oyunları", bu kararın çok aceleye getirilerek de olsa alınmasının ne kadar haklı gerekçelere dayandığını göstermişti.[51] Resmen tanınmanın ardından Türkiye Maşrık-ı Azamı ile bir "Birleşme Anlaşması" tek bir koşula bağlı olarak imzalandı: İtalyan masonluğu, "Osmanlı toprakları üzerinde, herhangi bir nedenle feshedilmiş ya da geçersiz kılınmış locaları, herhangi bir zamanda, ama aynı isim altında ve aynı Maşrık'a bağlı olarak, yeniden oluşturma hakkını" elinde bulundurabilmeliydi.[52]

Arnavutluk'tan Libya'ya

Birkaç ay sonra, Arnavutlar istekleri karşısında eski hükümet kadar duyarsız kalmakla suçladıkları Jön Türkler'e karşı Nikola İvanaj önderliğinde ayaklandılar. Gerçekten de, İttihad ve Terakki Cemiyeti gerçek bir siyasal parti kimliği kazandıktan sonra, Jön Türk topluluğu yozlaşmaya ve Bernard Lewis'in yazdığı gibi, bir tür "askeri oligarşi"ye dönüşmeye başlamıştı.[53] Osmanlı İmparatorluğu'nun otoriter bir yola girmekte olduğunu fark eden Büyük Üstat Ferrari, hemen Felice Albani ve Ricciotti Garibaldi'nin başını çektikleri, kuruluş aşamasındaki "*Comitato Italiano pro Albania*"ya (İtalya Arnavutluk Dostları Komitesi) katıldı. 26 Ocak 1911 tarihinde Roma'daki "Yabancı Basın Kuruluşu"nun salonlarından birinde yapılan toplantıda, Ferrari de, şahsı adına olmakla birlikte, hazır bulunuyordu;[54] bu toplantı sırasında Albani ve R. Garibaldi, Ivanaj'a destek sağ-

51 Karş.ayn.kay.: "Üstad-ı Azam birader Sakakini'nin [...] bir mektubunun suretini sunar [...]. Bu yazıdan anlaşıldığına göre Maşrık-ı Azam-ı Osmani, locaların yönetimi konusunda İtalya'da yasal yetkili olarak yalnızca Maşrık-ı Azamı tanımaktadır, dolayısıyla Fera'nın başında bulunduğu Yüksek Şura'ya bağlı olan bir İskoçya Büyük Locasını tanıması söz konusu olamaz".

52 Karş. ek, belge 5: "Türkiye Maşrık-ı Azamı ile Birleşme Anlaşması".

53 B. Lewis, *Islam et laïcité*, s. 188. İttihad ve Terakki Cemiyeti'nin pantürkist dönüşümü üzerine, bkz. François Georgeon'un kısa denemesi, "La montée du nationalisme turc dans l'Etat ottoman (1908-1914). Bilan et perspectives", *Revue de la Méditerranée et du monde méditerranéen*, L (1988), No: 4, s. 31-43.

54 Karş. Vico Mantegazza, *La Turchia Liberale e le Questioni balcaniche*, Milano 1908, ve S. Skendi, *The Albanian National Awakening (1878-1912)*, Princeton 1967. "*Comitato Pro Albania*"nın kökeni hakkında Giulia Mottura'nın *Risorgimento* tarihi konusundaki doktora tezine bakınız, *Gli Italiani ed il sud-est europeo. L'Albania e il movimento filoalbanese dal 1900 al 1915*, Roma la Sapienza Üniversitesi, Edebiyat Fakültesi, a. a. 1994/95.

"Ekim ve Kasım aylarında [1910], bu düşünceyi şekillendirmek amacıyla 1896-97 yıllarında Küba'dakine benzer bir cemiyet kurmak fikri hayat buldu, Bovio, Fratti, F. Tolomei, F. Gattorno, E. Ferrari.... ve bu satırların yazarı da bu Küba türü derneğin üyesiydi"; Felice Albani, G. Malenotti'ye (*Il Fieramosca* adlı Floransa gazetesinin

lamak amacıyla, Arnavutluk'a gönderilecek bir gönüllü müfrezesi toplamak niyetlerini gazetecilere açıkladılar. İtalya'ya ulaşınca "Arnavut bağımsızlığının havarisi, Ettore Ferrari ve Ernesto Nathan ile sayısız görüşmeler yaptı. Bir *mason üçgeni* oluşturan bu üçlü eylem birliği içindeydi."[55]

Ferrari'nin "*Comitato pro Albania*"ya katılmasına karşın, İtalyan masonluğunun bu karmaşık sorun karşısındaki durumu büyük bir sakınımın izlerini taşıyordu. Bu davranış biçimi başlıca iki nedene dayanıyordu: Türk masonluğu ile ilişkilerine zarar vermemek ve Osmanlı İmparatorluğu'nun toprak bütünlüğüne zarar verecek bir girişimi desteklememek; diğer yandan Giolitti, pek farklı olmayan nedenlerle, Akdeniz denen satranç tahtasında zaten eğreti duran statükoyu hiçbir şekilde bozmamaya kararlı olduğunu hükümet adına büyük bir ciddiyetle açıklamıştı. Ferrari'nin Çizme'nin tüm mason localarına hitaben yaptığı açıklama yukarıda sayılan nedenlerden başka bir şeyle açıklanamazdı: "Birlik Hükümeti, Masonluğun tüm özgürlük mücadelelerinde şimdiye kadar olduğu gibi bundan böyle de, titiz ve cömert öncülük görevini sürdürmesini beklemektedir; bununla birlikte, ciddi siyasal nedenlerin en özenli sakınımı gerektirdiği göz önüne alınarak Arnavutluk için herhangi bir girişimden kaçınılması gerektiğini büyük bir acıyla belirtmek isterim".[56]

Palazzo Giustiniani'nin "*Comitato pro Albania*" ile ilgili kararsızlıkları

müdürü) gönderdiği bir anısında (MCRR, Kaynak "F. Albani", zarf 1062, fasikül 70) böyle yazıyordu. "*Comitato Pro Albania*"nın kuruluşu sırasında, "Saygıdeğer Barzilai ve Ferrari, toplumdaki özel durumlarından kaynaklanan objektif nedenlerle [...] resmen bu kuruluşun içinde yer almak istemediklerini, ama kendilerini her zaman kurucular arasında kabul edeceklerini açıkladılar ve komitenin gelişip ortaya çıkması için her türlü desteği sağlayacaklarına da söz verdiler. Bu gerekçeler hazır bulunanlar tarafından takdir edildi ve oy birliğiyle kabul edildi" (ayn.kay., s. 19).

55 S. Loi, "Il "risveglio" dei Giovani Turchi", *a.g.e.*, s. 84: "Bir kampanya başlatıldı, cepheye gitmek üzere gönüllülerden oluşan bir müfreze meydana getirmek amacıyla seferberlik ilan edildi, düzenli ordudan pek çok subay "yedek" olarak kaydedildi. Kumanda da, bunu özellikle belirtmek gerekir, her zaman olduğu gibi, yerinde duramayan, tepinen Ricciotti Garibaldi'ye verildi [...]. Başbakan Luzzati bu işi düzenleyenlere açıkça destek verdi. Ama hükümet düştü ve onun yerine geçen Giolitti de bu girişimi engelledi, destekçilerini de çılgınlıkla suçladı. Ricciotti Garibaldi'ye karşı zor kullanıldı; gönüllülerin gidişini engellemek için Adriyatik kıyılarında savaş gemileri devriye geziyordu; cemiyetin merkezi ve girişimi teşvik eden *Fede Nuova e di Terza İtalia*'nın yazı işleri müdürlüğü polis tarafından arandı. Ricciotti ve Felice Albani'ye mahkemeden celp geldi: "Dost güçlere karşı düşmanlık uyandırmakla" suçlanıyorlardı. Giolitti -Mazzini taraftarları onu "Üçlü Anlaşmanın Uşağı" diye adlandırıyorlardı- o sıralarda Türkiye'nin müttefiki olan Avusturya ile olan iyi ilişkilerine zarar vermemek için hiç acımadan bu kararı vermişti."

56 Karş. ASGOI, kaynak "Kurul Tutanakları", 26 Nisan 1911.

ortadan kaldırması Balkanlar'a bir İtalyan müdahalesi düşüncesini başarısızlığa uğrattı; *Il Secolo* adlı günlük gazetede yayımlanan bir açıklamasında saygıdeğer Leonida Bissolati bu konudan, gerçekçilikten uzak bir tasarı diye söz ediyordu: "Herkes, hiç kimseye hesap verme zorunluğu olmadan en akıl dışı ve gerçeklere aykırı şeyleri hayal etme hakkına sahiptir [...]. İtalya'ya karşı yoğun kuşkular beslenen Türkiye'de [...] asker gönderme tasarısıyla ilgili en küçük bir açıklama, İtalya'nın Osmanlı topraklarını ele geçirmeyi şiddetle arzuladığı inancını doğrulamaya yarayacaktı. İtalya'nın Trablusgarp'a gözlerini dikmesi yeni bir Tunus kaygısı içindeki Jön Türkler'i kuşkulandırıyordu [...]. Şüphe hâlâ devam ediyor ve sürekli işaretler veriyor, barışçı İtalyan sızması da bundan zarar görüyordu. Tam bu ruh halinin geçiştirilmeye çalışıldığı bir sırada, Ricciotti Garibaldi ortaya çıkıyor ve Arnavutluk'a çıkmaktan söz ediyordu! Gidin de Jön Türkler'e Ricciotti Garibaldi'nin kendi adına konuştuğunu anlatın!".[57]

Ferrari'nin "Arnavutluk taraftarı" olmaya istekli tüm biraderlere yaptığı "sakınımla davranma" tembihi anında yankı buldu, Ricciotti Garibaldi de onursuz bir şekilde kararından caydı. Bu kadarı bile "*Comitato pro Albania*"nın yolunun ne kadar engebeli olduğunu açıkça gösteriyordu, kısa sürede eylemin sözcükleri izlemediği görülüverdi. Floransa'da yayımlanan *Il Fieramosca* adlı gazeteye gönderdiği uzun bir mektupta, geriye dönüp bakan Felice Albani yürekler acısı başarısızlığının nedenlerini saklamadığı bir kinle gözden geçiriyor ve "Jön Türkler'in ziyareti gibi kocaman bir blöfün İtalya'da övgülerle karşılanmasına" karşı ateş püskürüyordu.[58] Albani, "bu sinsi ehli keyiflerin İtalya ve Avrupa ile alay ettikleri ve kısa sürede Abdülhamid'den daha beter davranacakları, çünkü Padişah'ın kendi hesabına hareket eden bir despot olduğu, oysa Jön Türkler'in, Avrupa uygarlığına karşı, Osmanlıcılığı, Hilafeti doruk noktasına yükseltmeyi arzuladıkları konusunda uyarı yapan" tek kişinin kendisi olduğunu iddia ederek bir anlamda öc alıyordu. Ve ekliyordu: "Arnavutlar 1909 yılında onlardan safça reform yapılmasını istediklerinde, bunun ilk örneğini görmüşlerdi. Jön Türkler onları vahşi, korkunç bir cezalandırmayla ezmişlerdi".[59]

Doğrusunu söylemek gerekirse, İtalya Maşrık-ı Azamı, Jön Türkler'in işgali karşısında hoşnutsuzluğunu yeterince gizlememekle pek suçlanamazdı. O dönemdeki Genel Sekreter Ulisse Bacci'ye göre, "İtalyan masonluğu 1908 olaylarından dolayı kendi kendini kutlamıştı; genel kanıya göre, yaşananlar, Büyük Halife'nin imparatorluğunda, yeni ve verimli bir

---

57 L. Bissolati, "Per un'intervista di Ricciotti Garibaldi", *Il Secolo*, 19 Şubat 1911, s.1.

58 F. Albani'nin mektubu, ayn.kay., s. 7-8.

59 ayn.kay.

etkinlik dönemini açacak gibi görünüyordu. Sonradan yeni Jön Türk rejimi kendisinden beklenenleri gerçekleştiremediyse, oyunun... başarısızlığının suçunu, çok şeyler vaat eden başlangıç bölümünü alkışlayan seyircilerin sırtına yıkamazsınız".[60] Uzun sözün kısası, Nathan ve Ferrari'nin Maşrık-ı Azamı da dahil tüm "uluslararası masonluk", "Trablusgarp sorununda İtalya'nın olası eylemlerine" ters düşmemek amacıyla "yeni Türkiye'nin yazgısı konusunda son derece yumuşak" davranmışlardı".[61] Gerçekten de, söz konusu edilen İtalya'nın Libya'yı işgali tehlikesi, İtalyan masonluğunun olası hoşnutsuzluğu üzerinde farklı varsayımlara neden olmuştu. Ayrıca, İtalyan masonluğu Abdülhamid'in tahttan indirilişini ve en azından görünüşte de olsa, meşruti bir rejimin yerleşmesini sağlayan [...] Türk devrim hareketini belirgin bir sempatiyle görüp izlemekle" suçlanıyordu.[62]

Savaş ve Barış

Afrika'da savaş patlak verdikten sonra, İtalyan Maşrıkı ile Türk Maşrıkı kaderin oyunuyla, birbirine düşman ve karşıt iki cephede yer almak zorunda kaldılar. İtalya Maşrık-ı Azamı ile Jön Türkler arasındaki bağlar, Büyük Üstat Ferrari'nin kilise basınının abartılı eleştirilerinden kurtulamayacağı kadar fazlasıyla biliniyordu. Bu gazeteler Palazzo Giustiniani'nin masonlarından "Müslümanlar" ve "demokrasi ağlayıcıları" diye çifte sıfat kullanarak söz ediyordu.[63] Büyük Üstad'ın, Libya işgaline karşı çıkmakla suçlandığı zaman, yayımladığı yalanlamalar da pek bir işe yara-

60 "Italia, Turchia e Massoneria", *Rivista Massonica*, XLII (1911), No: 13-14, s. 326-328.

61 Karş. *a.g.e.*, s. 326. Bu sövgüler, bir ölçüde, Libya'nın istilası karşısında Fransız Maşrık-ı Azamı'nın takındığı sert tutumla doğrulanmıştır. "1911 yılındaki Türk-İtalyan savaşı sırasında [...] Fransız obediyansları İtalya'nın gerçekleştirdiği bu saldırı hareketine karşı oldukça sert bir şekilde karşı çıkmışlardı ve başlıca Fransız mason dergilerinden biri olan *Acacia* da, işi bu konuda yazı yazmaya kadar götürmüştü: ... Bu olayda üzücü olan yan, Vatikan'ın Trablusgarp'a el attığını görmek. Trablusgarp'ı ilhak eden İtalya Kralı değil de Papa... Siyah papaz şeridi Trablusgarp aracılığıyla Afrika'yı elde etmek istiyor; İslam hoşgörüsünün karşısına rahiplerin bağnazlığını çıkarıyor"; Paul Dumont, "Une délégation jeune-turque à Paris", *a.g.e.*, s. 326.

62 "İtalia, Turchia e massoneria", *a.g.e.*, s. 326.

63 "Demokratlardan sosyalistlere kadar, sömürgecilik girişimine karşı çıkanlara, Il *Momento* gazetesi Crispi'nin hayaletini hatırlatarak yanıt verdi: "Demokrasi ağlayıcılarına, masonluğun Müslümanlarına karşı, kendini tümüyle İtalya'nın Akdeniz siyasetine adayan adam"; Valerio Castronovo, "Stampa e opinione pubblica nell'Italia liberale", V. Castronovo-Nicola Tranfaglia (ed.), *La stampa italiana nell'eta liberale*, Bari 1979, s. 201.

mamıştı. "Nathan'ın sefere giden askerleri soğuk şekilde selamladığını gören bazı kişiler bu düşünceyi ileri sürmüşlerdi".[64] Palazzo Giustiniani'ye yöneltilen suçlamalar, Katolik *Momento*'dan daha laik, ama en az onun kadar saldırgan olan, D'Annunzio ile Corradini'nin yayın organı *L'Idea Nazionale*'nin sütunlarında yer almaya başladı. İtalya Maşrık-ı Azamı'nın Türk taraftarlığını ve vatanperver olmayan tutumunu ağız birliği ederek suçlayan milliyetçilere göre, "Yardım Derneği'nde ayin yönetmeye, öğütler vermeye alışık Mister Nathan'ın herkesi, hatta muhterem Müslüman Marabuları bile biraderleri olarak kabul ettiği açıkça ortadaydı".[65] Savaşa "hayır" deyiş nedenlerini yinelemek, onaylamak için yükselen sesler pek azdı. Meclis'te, yalnızca sol ve radikal demokratlar, Gaetano Salvemini ve Sermoneta Dükü Leone Caetani'nin ağzından, Banco di Roma'nın, başka bir deyişle Vatikan'ın çıkarlarını kollamak amacıyla hareket etmekle suçladıkları hükümetin amaçlarını belgelerle açıklamaya çalıştılar.[66] Milletvekillerinin her ikisine göre de Türk-İtalyan anlaşmazlığının,

---

64 Aldo A. Mola, *Storia della Massoneria della origini ai nostri giorni*, Milano 1992, s. 338 ve devamı... "Vatanperver olmamakla suçlanan -ulusal birleşmeden beri ilk kez- İtalyan masonluğu, çevresinde yoğunlaşan kuşkuları dağıtmak ve 'İtalyan, Türk ve İngiliz masonlukları arasında düşmanlıkları askıya almayı amaçlayan gizli uzlaşmalar' konusunda hasımlarından gelen ve bazı gazetelerde de yer alan imalara katlanarak onurunu ve güvenilirliğini korumak zorunda kaldı". Maşrık-ı Azam'ın resmi belgeleri arasında İtalyan biraderlerinden "Türkiye'nin saygınlığını ve onurunu kurtaracak" bir çözüm yolu bulmalarını talep eden Selanik Maşrıkı'na Roma'nın göndermiş olduğu yanıtın bir suretinin bulunması boşuna değildi. Bu yazıda Palazzo Giustiniani'nin üst düzey yetkilileri, "Mason ve İtalyan olarak, ülkenizi ezen istibdadın yıkılışını ve yeniden gençleşen Türkiye'ye bir özgürlük, ilerleme ve barış dönemi vaat eden yeni siyasal düzenin, mason ailesinin de etkin çabalarıyla yerleşmesini coşkuyla selamlamıştık" diye açıklıyorlar ve şöyle devam ediyorlardı: "[...] Uluslararası siyasette giderek belirginleşen yeni çözüm yolları ile bizim meşru ve barışçı çıkarlarımız karşısında Osmanlı yetkililerin takındıkları katı tutum, İtalyan hükümetini, eski Trablusgarp sorununu yeniden gözden geçirmeye yöneltiyordu: Tüm İtalya kaçınılmaz karar anının gelip çattığını hissediyordu [...]. Diplomatik girişimler başarısızlığa uğrayınca savaş ilan edildi ve başladı". İtalya Maşrık-ı Azamı sözlerini şöyle sürdürüyordu: "Eğer Osmanlı locaları ve özellikle de sizinki sonradan silahlı bir çatışmaya dönüşen anlaşmazlığın ilk aşamasında Şark hükümetine başkaldırsalardı, bir yandan İtalyan çıkarlarını kollarken diğer yandan Birlik'in insancıl özlemlerine yanıt verebilecek bir çözüm yolu bulmaya çalışırdık: Bugün, olayların ulaştığı bu aşamada, herhangi bir müdahalede bulunmamız olanaksızdır".

65 "I fratelli di Nathan", *L'Idea Nazionale*, II (1912), No: 39, s. 3.

66 Karş. Leone Caetani, "Il pericoloso miraggio", AA. VV., *Come siamo andati in Libia*, Floransa 1914 (Meclisin 7 Haziran 1911 tarihli oturumunun tutanaklarından): "Sonra Trablusgarp'taki İtalyan çıkarlarını tartışırken, Banco di Roma'dan söz ediliyor. Dar kafalı görünmek istemiyorum; ama Banco di Roma'nın bizim çıkarlarımızın, İtalya'nın Trablusgarp'taki çıkarlarının tarafsız temsilcisi olduğu kanısı

ileri sürülen resmi gerekçelerin ötesinde, uzun vadede tek bir olasılığa, Katolik seçmenlerin iyi niyetinden yararlanacak Giolitti'nin belirgin niyetlerinin gerçekleşmesine hizmet edeceği açıkça ortadaydı. Mükemmel bir Arap dili ve edebiyatı bilgisine sahip olan Leone Caetani, konunun ayrıntılarını bilerek tartışmaya katıldı:

> Şu ana kadar Trablusgarp'tan çok değişik, ama belirsiz, anlaşılmaz şekillerde bahsedildiğini duydum. Haklarımızdan, çıkarlarımızdan söz ediliyor. Ama, tüm bu konuşmaların gerçek, sağlam, inandırıcı nedenini de duymam gerekiyor. Trablusgarp'ın stratejik konumundan söz ediliyor. Akdeniz üzerindeki karmaşık nüfuz dengeleriyle ilgilenmiyorum... Trablusgarp'ın stratejik değeri nedir? Hiç. *Mare nostrum*'un (Akdeniz) en kalleş kıyısına sahip olduğu için Trablusgarp'ın Akdeniz havzası içinde hiçbir zaman stratejik bir değer taşımadığını 2000 yıllık tarih de anlatmaktadır [...]. Eğer Trablusgarp'a gidiyorsak, bir askeri sefer düzenlemeliyiz; gemileri silahla donatmalı, subay kadroları oluşturmalı ve ülkeyi işgal etmeye gitmeliyiz. Ama, bu ülkenin yolları yok, limanları yok, demiryolu yok, fabrikaları yok, yok, yok, yok![67]

İtalyan masonluğunun Afrika'daki askeri işgal karşısındaki tavrı, daha karmaşık ve vurgulanmış olmasına karşın, benzer değerlendirmelerden esinleniyordu. İtalya Maşrık-ı Azamı'nın coşkunluktan uzak duygusu da, savaşın patlak verdiği 29 Eylül 1911 günü yayımlanan resmi bildirinin satır aralarında sezilmektedir:

---

tüylerimi diken diken etti. Banco di Roma, hepimiz biliyoruz ki, Vatikan'ın tüm tasarruflarını yatırdığı Banka'dır. Şimdi, içgüdüsel olarak, hiçbir kötü niyet taşımadan, Vatikan'ın doğrudan ifadesi [...] olan bu Banka ayrıcalığının, gerçekten bizim çıkarımıza olup olmadığı konusunda haklı kuşkularım var. (*Müdaheleler*). İnsanda haklı olarak, dikkatimizi iç politika sorunlarından uzaklaştırmayı amaçlayan ince, bir siyasetle karşı karşıya olduğumuz kuşkusu doğuyor. (*Sert müdaheleler. Kesilmeler.*) Gerçeği söylemek iyidir, ve eğer bu gerçek can yakıyorsa, tam isabet sağlanmış demektir!".

67 Sömürge hayranlığının adeta zincirinden boşandığı sırada, Ceatani'nin bu akıl dolu sözleri etkisiz kaldı, hem de onu şu türden acımasız yargıların boy hedefi haline getirdi: "İtalyan Meclisi'ndeki kızıl alanda sürüngen hayvanlığı temsil eden bu adam -söz konusu edilen saygıdeğer Caetani idi-, aptallara özgü bir inatla çoktan kapanmış olan Trablusgarp sorununu bahane ederek, daha önce konuşulmuş, başka yerlerde yinelenmiş, herkesin iyi bildiği o aynı... şeylerle aklımızı karıştırmaya gelmiş"; karş. "Il Leone e la mosca", *L'Idea Nazionale*, II (1912), No: 1, s. 2. Aynı gazete, bir önceki yılın Nisan sayısında, "Jön Türkler"le ilgili *vexata quaestio* (rahatsız edici sorun) hakkında, kurnazca şunlara değiniyordu: "Osmanlı devrimi, büyük çoğunluğu İtalyan olan ve Selanik'te bulunan mason localarında hazırlandı; demek ki onun vaftizini de İtalya yaptırdı [...]. İttihad ve Terakki'nin beyleri, Selanik ve İstanbul'un İtalyan mason locaları aracılığıyla Masonluk yolunu kullanarak, '93'ün değil '89'un yaratıcılarıyla olan yakın dostluklarının hiçbir şekilde ortadan kalkmaması için saygıdeğer Luzzati'den güvence koparmayı başardılar"; karş. "L'Italia alle prese con i Giovani Turchi", *L'Idea Nazionale*, I (1911), No: 8, s.1.

Vatanın renkleri (bayrak) Trablusgarp'a doğru yelken açıyor. Yöneticilerin icraatı hakkında, tüm Biraderlerin, her zaman saygılı olan kişisel düşünceleri ne olursa olsun, -ülkenin büyüklük, güçlülük ve özgürlük idealini her şeye yeğleyen- masonluğun görevi sivil egemenlik ve insancıl gelişme mücadelesinde görev alan üç renkli bayrağımızın zafer güneşiyle kucaklaşmasını umarak, dingin bir ruh ve sağlam bir vicdanla, olayların gelişmesini beklemektir. Demek ki, İtalya'nın her karış toprağında, insanların geleceğimizin en güvenilir savunma aracı olan inandırıcı bir duygu birliğini sürdürebilmesi için, her Biraderin, Birlik'in zafer dolu gelenekleri adına, uyanık ve dikkatli olması gerekmektedir. Maşrık-ı Azam, bu girişimin, yeni İtalyancılık ve vatanperverlik savunucuları tarafından ulusal iradenin kendisine malettiği hedeflerden saptırılarak, özel amaçlara alet edilmesini tüm gücüyle engellemek ve demokratik oluşumu güçlendirmek için elinden geleni yapacaktır.[68]

Tüm localara ulaştırılan bu genelge, gelecekteki sömürgecilik amaçlı fetihin habercisi olarak ılımlı kesimle kilise yanlısı kesimin aynı bayrak altında birbirlerine yaklaşmaları olasılığının İtalya Maşrık-ı Azamı'nı ne ölçüde kaygılandırdığını yeterince açıklamaktadır. İlk genel seçimlerin ardından imzalanan Gentiloni Antlaşması bu kaygı duyulan yakınlaşmayı doğrulamıştı. "Afrika savaşında ölenlerin aileleri için bir mason yardım kampanyası" başlatma fikri buradan çıkmıştı.[69] Bu aslında övülmeye değer bir girişimdi ama, İtalyan birliklerinin Libya'da gittikçe artan ağır kayıpları hakkındaki bültenleri savaşla ilgili güzel söylevlerin cilasıyla örtmeyi düşünen Corradini taraftarlarının kulaklarını rahatsız ediyordu.[70]

Jön Türkler -bu kaçınılmaz bir şeydi- İtalyan masonluğuna baskı yapmakta duraksamadılar; Maşrık-ı Azam-ı Osmani, Bab-ı Âli'nin lehinde daha saygın bir çözüm yolu bulunmadan Trablusgarp'ın ilhakını önlemek için Palazzo Giustiniani'deki "biraderleri" Giolitti Hükümeti üzerindeki

---

68 "Per l'impresa di Tripoli", *Rivista Massonica*, XLII (1911), No: 15-16, s. 382 ve devamı.

69 "İtalyan uygarlığının sesini yeniden duyurması için kazanılan zaferlerin yankısı, bize Afrika'nın uzak kıyılarında ölen yiğitlerin çığlığını taşıyor. Bu çığlık ölenlerin yetim çocuklarının, dul eşlerinin, analarının kaderini Vatan'ınkiyle birleştiriyor. Büyük İtalyan ruhunda yüce bir çağrı yankılanıyor. Ulusal bilincin en yüksek ifadesi olan masonluk, her zaman olduğu gibi şimdi de, hemen ve kendine yakışır bir biçimde bu çağrıya yanıt vermelidir. Bunun için locaları kendi kasalarından yardım yapmaya ve tüm Biraderlerden de bağış toplamaya davet ediyorum: Bu şekilde toplanan paralar Savaş Bakanlığına iletilmelidir"; karş. "Sottoscrizione massonica per le famiglie dei caduti nella guerra d'Africa", *Rivista Massonica*, XLII (1911), No: 17-18, s. 424 ve devamı.

70 İtalyan ordusunun Libya'da karşılaştığı güçlükler hakkında, Angelo Del Boca'nın artık bir klasik sayılan yapıtından bundan böyle yararlanabiliriz, *Gli Italiani in Libia. Tripoli bel suol d'amore (1860-1922)*, Milano 1993.

tüm nüfuzlarını kullanmaya *apertis verbis* davet etti. İtalya Maşrık-ı Azamı'nın 2 Kasım 1911 tarihinde yapılan 257. celsesinde, Büyük Üstat Ettore Ferrari, Türk masonluğu tarafından kendisine gönderilen bir mektubu okudu; bu mektupta, özet olarak, "tüm masonluğu ağır şekilde yaralayan ve düşmanlarını da sevindiren bugünkü çatışma"dan yakınılıyor ve "bu güç durumda iki mason ailesinin yakın beraberliğinden" söz ediliyordu.[71] Kurul bu mektuba İtalya Maşrık-ı Azamı'nın "ülkenin çıkarlarına ve saygınlığına karşı bir saldırı sayılabilecek hiçbir girişimde bulunamayacağını; ölülerin ve yaralıların ailelerine yardım ederek insancıl görevlerini yerine getirmekle yetindiklerini ve yetinmek zorunda olduklarını" belirterek yanıt verdi.[72]

İki ülke arasındaki savaşın tam ortasında Jön Türkler tarafından Ferrari'ye yöneltilen bu yardım talebi, Osmanlı İmparatorluğu'nun durdurulamayan yıkılışını önleyemeyen bir hükümetin kendi aczini kabul ettiğini gösteriyordu. Bu koşullar altında Jön Türkler İtalyan masonluğunun ve onun yöneticilerinin siyasal ağırlığını hiç kuşkusuz gözlerinde abartmışlardı. Ülkenin içinde bulunduğu böylesine ağır ve ciddi bir dönemde İtalyan hükümetinin tercihlerini somut bir biçimde etkileyebilmek amacıyla bu idarecilerden yararlanabileceklerini düşünüyorlardı.

Trablusgarp bölgesinin ilhakıyla ilgili kararnamenin (23 Şubat 1912) mecliste yön değiştirmesiyle birlikte, masonluk kendini yeniden basının yönlendirdiği fırtınalı bir kampanyanın ortasında buluverdi. Mason locasına karşı olan bir gazete, Dışişleri Bakanı San Giuliano ile Meclis Başkanı'nın, *Macedonia Risorta* locasının bir üyesi olarak değil de, "Jön Türkler"in aracısı, özel temsilcisi sıfatıyla gelen banker Joseph Salem'le ayrı ayrı görüşmelerini sağlamak için Maşrık-ı Azam'dan yararlanıldığını ima ediyordu.[73] "Selanik'teki çevreyi tanıyan herkes çok iyi bilir ki -diye yazıyordu *Il Giornale d'Italia*- avukat Salem, Jön Türkler'e büyük ölçüde yardımcı olarak devrimi hazırlayan mason localarının ileri gelenleri arasında yer alır. Ayrıca avukat Salem'in Selanik'teki Cemiyet'in şu sırada Türkiye'de nazır olan yetkili şefleriyle çok yakın dost olduğu da iyi bilinir. Bugünlerde dolaşan söylentiye göre -bunu güncel tarih metinleri olarak kabul edip aktarıyoruz- avukat Salem'in özel görevi, İtalyan hükümetinden çok Roma Maşrık-ı Azamı nezdinde önem taşıyordu, çünkü -konuşulduğu kadarıyla- bu Maşrık avukat Salem'in onuruna yalnızca özel

---

71 ASGOI, kaynak "Kurul Tutanakları, 2 kasım 1911; karş. ek, belge 6.

72 ayn.kay.

73 1871 yılında Selanik'te doğan banker J. Salem, *Macedonia Risorta* Büyük Locasında 17.02.1909 tarihinde tekris edildi. Karş. ASGOI, kaynak "Matrikül Defterleri, matrikül no. 28508.

dostların katıldığı bir davet düzenlemişti. Bu tür bir özel görev, Jön Türkler'in gerçekdışı ve hayalci düşünüş biçimine göre, ilhak kararnamesinin yürürlükten kaldırılmasına ve Türkiye ile, Libya'da Padişah'ın yüksek egemenliği altında İtalyan protektorası temelinde bir barış yapılması için harekete geçilmesine yol açabilecekti".[74]

Palazzo Giustiniani, doğal olarak, bu haberi yalanladı. Bununla birlikte, Jön Türkler'in İtalya ile olan ilişkilerinde her zaman mason kanallarından yararlanmaya çalıştıkları da yadsınamaz. Diğer yandan, Ouchy ön antlaşması ile (Mayıs 1912) doruk noktasına ulaşan barış görüşmelerinde masonluğun, İstanbul'daki İtalyan mahfiller aracılığıyla, belirleyici bir işlevi olmuş gibidir. *Bisanzio Risorta* locasının Muhterem'i -mühendis Eduardo Denari- "barış görüşmelerini yürütmek üzere görevlendirilen Türk delegeleri S. Giuliano ve Giolitti ile tanıştırma görevini üstlenerek" İtalya'ya döndü.[75] Prof. De Leone'nin de sonradan belirttiği gibi, "İtalyan masonluğunun bu iyi niyetli tavrından Türkiye'ye karşı belirgin bir anlayışa" ulaşacak bir dizi diplomatik kulisten başka bir sonuç çıkamazdı. "Ama, sonradan yaşanan olaylar öyle bir yolda gelişti ki her şey bir çelişkiler yumağına dönüşüverdi".[76]

Osmanlı-İtalyan görüşmeleri 1913 yılında Lozan'da imzalanan barış antlaşmasıyla sona erdi. Ertesi yıl, felaketle sonuçlanan Birinci Dünya Savaşı patlak verdi. Bir kez daha, Türkiye ve İtalya, birbirine düşman cephe-

74 22 Şubat tarihli *Giornale d'Italia*'da şu başlığı taşıyan bir makale yer alıyor: "Avukat Salem'in Maşrık-ı Azam nezdinde bir görevi mi var?"; burada, diğer konuların yanı sıra, adı artık tüm İtalyan basınında yer alan Salem'in, Jön Türkler tarafından, İtalya Maşrık-ı Azamı ile anlaşmak üzere görevlendirildiği bildiriliyordu [...]. Bu düşüncenin bir soru işaretiyle belirtilmesi çok iyi olmuş; hemen ardından *Giornale d'Italia*'nın, Avukat Salem'e atfedilen bu görevin kesin başarısızlığa uğrayacağını, çünkü İtalyan masonluğunun, ülkemizin düşüncesine, çıkarlarına ve saygınlığına ters düşen bir harekete razı olmayacağını eklemesi ise daha da iyi. Gerçekten de böyle oldu; ama her türlü olası yanlış anlamadan, rakip basından gelebilecek kurnazca imalardan kaçınmak için şunu açıklamakta yarar var; Avukat Salem asla Palazzo Giustiniani'ye uğramamıştı ve dolayısıyla da onuruna, ne gizli ne de açık, hiçbir tören düzenlenmedi; karş. "L'Avvocato Salem e il Grande Oriente d'Italia", *Rivista Massonica*, XLII (1912), No: 3-4, s. 136.

75 Adelia Rispoli, "La figura di Edoardo Denari nei rapporti tra Italia e Turchia", *Atti del Simposio di richerche e di studi per uno sviluppo scientifico dei rapporti italo-turchi (Ankara-İstanbul, 9-14 Ekim 1980)*, Enrico De Leone (ed.), Milano 1981, s. 151 ve not 6: "[Denari] 25 Haziran 1912'de Venedik'teydi [...] ve Trablusgarp'ın özerkliğinin ilanıyla ilgili olarak Karasu kendisine telgraf çekti. 3 Temmuz 1912 tarihinde yine Karasu, Heyet-i Ayan üyesi ve Şura-yı Devlet Reisi Ekselans Said Paşa'nın Türk heyetinin üyeleri arasında yer aldığını telgrafla bildiriyordu".

76 *a.g.e.*, s. 146 (Prof.Rispoli'nin bildirisi hakkında Prof. De Leone'nin konuşması).

lerde yer alıyorlardı. 1918 yılından sonra, Osmanlı İmparatorluğu'nun yaklaşık beş yüzyıldır üzerinde durduğu hassas ve tehlikeli dengeler, Jön Türkler'i de beraberlerinde sürükleyerek yıkılıverdi. İtalya, bu korkunç yıkımdan galip olarak çıkmasına karşın, Faşizm'in iktidara gelmesi ve "Maşrık-ı Azam'ın *ope legis* (kanun yoluyla) çözülmesiyle doruk noktasına çıkacak uzun bir siyasal ve kurumsal buhran sarmalının pençesine düştü.[77] İtalyan masonluğunun Türk ulusal dirilişine yardımı, ne kadar önemli bir yer tutarsa tutsun, tarih tarafından unutulmaya mahkûm edilmişti.

77 Mussolini hükümeti -1925 Mayısı- "gizli cemiyetler" hakkında kararname yayınlayınca (Bordero yasası), Faşizm'in baltasıyla ilk yıkılanlardan biri de masonlar oldu. Bu kararname masonluk için öldürücü bir darbeydi ve İtalya Maşrık-ı Azamı'nı yeraltına inmek zorunda bıraktı. Maşrık-ı Azam bu durumdan ancak İkinci Dünya Savaşı'nın sonunda kurtulabildi.

MACEDONIA RISORTA LOCASI MATRİKÜL LİSTESİ, SELANİK MAŞRIKI (1901-1923)

ABASSADO BENVENISTE ISAC	SELANİK	1876	MEMUR	10/07/1903
ABASSADO RAFFAELE	SELANİK	1869	TÜCCAR	14/02/1903
ABDÜLLATIF	SELANİK	1867	AVUKAT	24/05/1909
ABDULLAH HAMDİ	İSTANBUL	1890	ASTEĞMEN	15/09/1908
ABDULRAHMAN ORFI	-	1883	TEĞMEN	27/02/1909
ABRAVANEL HENRI	SELANİK	1877	TÜCCAR	05/05/1905
ABREVAJE SAMUEL	-	1880	HEKİM	23/01/1905
AELION MOIS	SELANİK	1862	TÜCCAR	16/09/1904
AELION SAMUELE	SELANİK	1883	TÜCCAR	18/04/1910
AGNIAH MUSTAFA	DRAMA	1859	RANTİYE	16/09/1904
ALİ HAŞİM	MANASTIR	1873	SUBAY	27/09/1910
ALİ NAKİ	RADOVICHTA	1882	SUBAY	30/06/1909
ALLALUF ALBERT	SELANİK	1880	MEMUR	10/06/1907
ALMOCHINO MORDOCHE	SELANİK	1879	BAHARATÇI	27/07/1903
AMAR ALBERT	SELANİK	1868	TÜCCAR	10/07/1903
AMİR AHMED	KAYSERİ	1882	ÖĞRETMEN	13/03/1906
ANASTAS CHRISTOFF	PERL(P([?]	1877	AVUKAT	02/08/1909
ANGEL JACOB J.	SELANİK	1870	MEMUR	27/06/1910
ANNİK İHSAN	İZMİT	1876	ÖĞRETMEN	22/06/1907
ARCHIVOLTI GIUSEPPE	LIVORNO	61	MEMUR	20/12/1902
ARDITTI DANIEL	SELANİK	1885	KÜÇÜK MEMUR	27/02/1909
ARDITTI ISAAC	SELANİK	1875	MEMUR	17/11/1906
ARDITTI ISAC	SELANİK	1860	AVUKAT	05/01/1903
ARRIGONI PIETRO	MILANO	1856	MİMAR	12/02/1915
ASKER MENTEŞ	SELANİK	1871	ECZACI	17/11/1906
ASKERİ HASAN	NASSELIDJ	1867	SUBAY	10/12/1910
ASAF DERVİŞ	DEMİRHİSAR	1885	MEMUR	08/08/1907
ASSEO ELIA	SELANİK	1884	MÜTEAHHİT	16/05/1917
ASSEO FERID ALBERT	İSTANBUL	1877	MEMUR	08/11/1907
ASIM MEHMED	İSTANBUL	1876	MEMUR	30/06/1908
ASIM MUSTAFA	TRABZON	1859	ADLİYE MÜFETTİŞİ	27/01/1909
ATIYE NESİM	ŞAM	1880	ÖĞRETMEN	07/03/1917
AZMİ AHMED	METELIN	1878	MEMUR	15/02/1910
BAHTİYAR	KOLACHINE	1877	HEKİM	10/05/1907
BAYRAM FEHMI	-	-	OKUL MÜDÜRÜ	08/04/1909
BEJA GIUSEPPE	SELANİK	1871	ÖĞRETMEN	30/03/1903
BEJA ISACH	SELANİK	34	TÜCCAR	29/09/1902
BEJA MATTEO	SELANİK	1873	TÜCCAR	04/03/1910
BEJA SALVATORE	SELANİK	1885	TÜCCAR	05/06/1917
BEKİR AUNİ	İSTANBUL	1878	HEKİM	24/08/1910
BENFORADO LAZAR	SELANİK	1886	ACENTE	07/03/1917
BENROUBI MOISE	SELANİK	1883	TÜCCAR	25/01/1911
BENSUSSAN JACQUES SAMUEL	SELANİK	1878	TÜCCAR	28/03/1911
BENUSIGLIO ELIA	SELANİK	1863	TÜCCAR	13/06/1905
BENVENISTE ABRAMO	SELANİK	1882	MEMUR	31/07/1905
BENVENISTE ALBERT	SELANİK	1883	MEMUR	20/05/1909
BENVENISTE ASCHER	SELANİK	1883	TÜCCAR	31/07/1917
BENVENISTE DAVIDE	SERRES	1855	ECZACI	04/05/1905
BENVENISTE HAIM	SELANİK	1878	TÜCCAR	27/01/1921
BERAHA NASR	SELANİK	1874	ÖĞRETMEN	03/09/1904

BESSİM ARİF	SELANİK	1879	DEVLET MEMURU	18/02/1910
BORSADJAN SAHAG	İSTANBUL	1858	VETERİNER	23/10/1903
BOTTON RAFFAELLO	İSTANBUL	1875	MEMUR	30/06/1904
BOTTON SALOMON	SELANİK	1882	MEMUR	21/09/1907
BOURLA MOISE	SELANİK	1871	HEKİM	25/02/1908
BUDALICA DEMETRIO	SELANİK	1897	SANAYİCİ	12/06/1922
CALDERON ELIE	MANASTIR	1879	MEMUR	26/12/1905
CAMHI ABRAM	MANASTIR	1871	MÜMESSİL	-
CAMHI BECHOR	SELANİK	1861	ASKERİ HEKİM	15/09/1903
CAPITANO ECTOR	SELANİK	1894	MÜMESSİL	24/07/1920
CAPUANO NISSIM	SELANİK	-	TÜCCAR	22/12/1904
CARABET BEDROS	KIRŞEHİR	1876	HEKİM	08/08/1908
CARASSO EMANUELE	SELANİK	42	AVUKAT	20/05/1902
CARASSO JACQUES	SELANİK	1863	MUHASEBECİ	17/05/1904
CASSINELLI EMANUELE	-	1872	MEMUR	15/09/1903
CAZES ALBERTO	SELANİK	1879	MEMUR	27/05/1904
ŞAKİR	SELANİK	1879	MAL SAHİBİ	05/10/1909
ŞEFİK ALİ	SELANİK	1876	DEVLET MEMURU	29/03/1910
ŞEVKİ SELİM	İSTANBUL	1864	DEVLET MEMURU	24/08/1910
CHRYSSAFIS GEORGES	-	1872	MEMUR	17/0101905
ŞÜKRÜ AHMED	KASTAMONU	1875	ÖĞRETMEN	07/06/1909
ŞÜKRÜ BEY	İSTANBUL	1870	ASKERİ HEKİM	20/06/1906
CIONGA GEORGES	CHILE	1867	ÖĞRETMEN	23/12/1909
COHEN ABRAM	SELANİK	1882	TÜCCAR	02/05/1910
COHEN BARUCH	SELANİK	1858	KUYUMCU	19/09/1903
COHEN DAVIDE	SELANİK	37	GEZİCİ ACENTE	04/08/1902
COHEN ISACH J.	SELANİK	1860	MUHASEBECİ	30/12/1903
COHEN JACQUES	SELANİK	1877	DİŞÇİ	02/04/1909
COHEN JUDA M.	SELANİK	1869	MEMUR	25/08/1918
COHEN JULES	SELANİK	1880	MÜMESSİL	06/06/1910
COHEN SABETAI	SELANİK	1862	ECZACI	02/01/1903
COHEN SALOMONE	İSTANBUL	1863	HEKİM	24/01/1905
COLONOMOS ISAC	MANASTIR	1873	TÜCCAR	16/01/1905
CONFORTES GUEDALIA	SELANİK	1877	MEMUR	30/11/1903
CUNIO DAVID	SELANİK	1878	TÜCCAR	23/11/1903
D'OBERMAYER	VARŞOVA	55	PRATİSYEN HEKİM	04/09/1902
DE MAYO SALOMONE	BELGRAD	1886	MEMUR	07/06/1917
CELAL MEHMED	İSTANBUL	1886	DEVLET MEMURU	02/05/1911
CEMİL	İSTANBUL	1854	POSTA VE TELGRAF MÜDÜRÜ	25/07/1904
CEMİL AHMED	İSTANBUL	1872	SUBAY	28/04/1910
CEMİL MEHMED	İSTANBUL	1879	YÜZBAŞI	13/05/1909
DOLLMANNL.	EDİRNE	1868	ÖĞRETMEN	27/07/1903
EDHEM IBRAHİM	MEKKE	1883	TEĞMEN	30/12/1909
EDİB MUSTAFA	İSTANBUL	1879	ASKER	11/04/1904
EKCHINA OSEP	İSTANBUL	1876	-	30/12/1909
ELIAKIM HAIM	SELANİK	1864	TÜCCAR	09/11/1903

ELIAKIM ABRAM	SELANİK	1876	TÜCCAR	12/06/1903
ELIEZER DAVID	EDİRNE	1863	ACENTE	17/02/1909
ERRERA ABRAM	SALAMIN	1860	TÜCCAR	28/03/1911
ERRERA GUILLAUME	SELANİK	1854	MEMUR	16/05/1911
ERRERA JOSEPH	SELANİK	1854	MEMUR	13/05/1904
EZRA MEİR	YANYA	-	TÜCCAR	08/08/1908
FABBRI ATTILIO	ROMA	1877	KONSOLOS YARD.	13/06/1905
FAHREDDİN ÖMER	ANTAKYA	1873	YÜZBAŞI	28/04/1909
FAİK ESAD	İSTANBUL	1869	ASKERİ HEKİM	09/07/1904
FAİK SÜLEYMAN	SELANİK	1875	YARBAY	08/10/1908
FARAGGI ABRAM A.	SERES	1857	MEMUR	31/01/1903
FARAGGI ISAC	SERES	1875	TÜCCAR	27/07/1903
FAZLI NECİB	SELANİK	1869	YAYINCI	12/06/1903
FERNANDEZ ISAC	SELANİK	1871	MEMUR	14/10/1904
FİRUNZAN ALİ	İSTANBUL	1886	YÜZBAŞI	28/04/1909
FRANCES HUGO	SELANİK	1886	MEMUR	11/07/1911
FRANCES SAMUEL	SELANİK	1862	ÇEVİRMEN	10/07/1903
GALİB HASİP	İSTANBUL	1877	MEMUR	04/05/1908
GALİB OSMAN	İSTANBUL	1867	JANDARMA ALBAYI	05/03/1908
GALİB SAİD	NİĞDE	1854	ADLİYE MÜFETTİŞİ	08/10/1908
GALIL CHEUKI	SELANİK	1876	TAHSİLDAR	22/06/1907
GATTEGNA DAVID	SELANİK	1878	MEMUR	08/04/1909
HAIAT DAVID	-	-	LOCA HİZMETKÂRI BİRADER	21/10/1903
HAİM ERGAS	SELANİK	1872	MEMUR	29/03/1910
HAKKI İSMAİL	İSTANBUL	1882	MÜLAZİM	24/01/1910
HAKKI İSMAİL	İSTANBUL	1875	ERKÂNI HARP ZABİTİ	13/12/1907
HAKKI LATİF	SELANİK	1873	MEMUR	07/06/1909
HALİS ABDULLAH	İSTANBUL	1874	MÜDDE-İ UMUMİ VEKİLİ	21/01/1907
HAMDİ	İSTANBUL	1867	POSTA VE TELGRAF MÜDÜRÜ	17/11/1906
HAMDİ BİN OSMAN	ÜSKÜB	1879	RANTİYE	11/02/1905
HAMDİ MEHMED	-	1875	DEVLET MEMURU	21/04/1910
HAMDİ MEHMED ALİ	AYDIN	1881	ZABİT	10/12/1910
HAMDİ NURİ	HERSEK	1871	ZABİT	22/02/1910
HAMİD MEHMED ALİ	RODOS	1879	MEMUR	29/03/1910
HASDAY EZRAKY	SELANİK	1858	TÜCCAR	26/11/1904
HASAN CAFFER	KALKANDELEN	1871	ASKER	10/06/1904
HASSAN HUSEIN	İSTANBUL	1845	MEMUR	04/05/1906
HASSID ELIE	SELANİK	1881	TÜCCAR	30/12/1908
HASSID HAIM	SELANİK	1865	TÜCCAR	12/11/1910
HASSID ISAC	SELANİK	1867	SİMSAR	05/07/1904
HASSID JOSEPH ALBERT	SELANİK	1873	TÜCCAR	02/05/1911
HATCI-IRIAN AGOP	SELANİK	1886	KUYUMCU	24/07/1920
HİDAYET HASAN	İSTANBUL	1885	MÜLAZİM	11/02/1910
HÜSNÜ HÜSEYİN	POURSIDJAN	1875	TÜCCAR	13/03/1906
HÜSNÜ İSMAİL	İSTANBUL	1876	TÜCCAR	29/12/1909
HÜSEYİN MUHEDDİN	FİLİBE	1873	JANDARMA BİNBAŞISI	02/11/1906
İBRAHİM ALİ	İSTANBUL	1879	MÜLAZİM	20/05/1909

İHSAN BİN MEHMED	SELANİK	1880	TÜCCAR	08/04/1909
İLHAMY IBNELHACKY	SELANİK	1873	MÜHENDİS	17/04/1909
İRFAN RAGİB	-	1875	ZABİT	02/12/1909
İSMAİL HAKKI CAMBOLAT	İSTANBUL	1880	MÜLAZİM	21/09/1907
ISRAEL ALBERT	SELANİK	1885	TÜCCAR	07/04/1920
JACOB DAVID M.	SELANİK	1881	TÜCCAR	07/04/1920
JAHIEL ALBERT	SELANİK	1868	TÜCCAR	14/02/1903
JAHIEL ISAC	SELANİK	1861	TÜCCAR	04/10/1904
JATROPOULOS PIERRE	LARISSA	1884	AVUKAT	11/04/1921
KARAGOVOFF THOMAS	ÜSKÜB	1869	GAZETECİ	02/08/1909
KÂMİL HUMBARACIZADE	ÜSKÜB	1878	TÜCCAR	24/08/1909
KAZIM İSMAİL	KOZAN	1882	ZABİT	29/12/1909
KAZIM MEHMED	SELANİK	1876	MEMUR	27/03/1906
KEMAL AHMED	İSTANBUL	1883	ZABİT	25/01/1911
KEMAL HALİL	İSTANBUL	1876	....	19/10/1906
KENAN YUSUF	İSTANBUL	1884	MAL SAHİBİ	25/01/1911
KRIKOR FAİK	NAZİLLİ	1877	MAHKEME REİSİ	04/05/1908
LEVI ABRAMO	MANASTIR	1867	MEMUR	04/05/1905
LEVI BEN NAHMIAS	SELANİK	1855	SANAYİCİ	19/11/1903
LEVI MOIS	ÇANAKKALE	1872	AVUKAT	13/05/1904
LEVIS JOACHIM JOSEPH	İSTANBUL	1879	MUHASEBECİ	13/03/1906
LEVY MUSSUROS	SELANİK	1882	TÜCCAR	28/02/1922
MALFEYT JERÔME	BRÜKSEL	1864	YARBAY	06/02/1904
MALLAH ASCHER	SELANİK	1882	AVUKAT	20/05/1909
MARCADJIS JEAN GEURGE	SERES	1870	AVUKAT	21/10/1903
MARGARITTI DEMETRIO	OCRIDA	1853	HEKİM	31/07/1905
MATALON DAVID	SELANİK	32	MEMUR	09/07/1902
MATALON ELIA A.	SELANİK	1867	MEMUR	31/01/1903
MATALON ISAC	SELANİK	1872	SİGORTA ACENTESİ	08/09/1904
MATALON JACOB	SELANİK	1842	TÜCCAR	25/03/1903
MATARASSO SALOMON B.	SELANİK	1861	TÜCCAR	15/09/1903
MAZLIAH NISSIM	MANİSA	1880	MEMUR	21/09/1907
MEHMED ALİ	İSTANBUL	1875	MAL SAHİBİ	28/04/1910
MEHMED NUREDDİN	İSTANBUL	1868	DEVLET MEMURU	01/04/1909
MEHMET NAZIM	İSTANBUL	1880	MEMUR	11/07/1905
MEHMET TALAT	SELANİK	1869	KATİP	12/06/1903
MENAHEM MOISE	SELANİK	1869	ECZACI	30/03/1903
MENASSE LEON	İSTANBUL	1877	MEMUR	02/04/1904
MENTECH SCIALOM	SELANİK	1880	MEMUR	06/05/1908
MIDHAT ŞÜKRÜ	SELANİK	1874	MEMUR	19/09/1903
MISRACHI GIUSEPPE	MANASTIR	1873	ACENTE	24/01/1905
MISRAHI MOISE ABRAMO	MANASTIR	1862	TÜCCAR	16/09/1909
MIZRACHI MOISE	MANASTIR	1869	ACENTE	13/03/1906
MODIANO ELIA	SELANİK	1886	TÜCCAR	21/02/1911
MODIANO GIACOMO	SELANİK	1892	DENİZ ACENTESİ	15/07/1918
MODIANO HAIM	SELANİK	1883	TÜCCAR	27/02/1909
MODIANO ISAAC	SELANİK	45	TÜCCAR	20/12/1902
MODIANO MAURICE ISAC	SELANİK	1888	TÜCCAR	30/12/1919
MODIANO SALVATORE	SELANİK	64	RANTİYE	24/12/1901
MODIANO SAMUELE	SELANİK	1894	SİGORTA ACENTESİ	12/06/1922
MODIANO SAUL	SELANİK	33	MÜMESSİL	29/09/1902
MOLHO ABRAMO	SELANİK	1873	MEMUR	16/03/1905

MOLHO ABRAMO H.	SELANİK	1877	MEMUR	30/04/1904
MOLHO BARUH	SELANİK	1848	SİMSAR	27/07/1903
MOLHO CHARLES	SELANİK	1878	TÜCCAR	25/05/1910
MOLHO EMMANUEL	GÜMÜLCİNA	1879	TÜCCAR	27/02/1909
MOLHO GIACOMO	SELANİK	1872	İSTASYON ŞEFİ	12/06/1903
MOLHO ISAAC	SELANİK	1863	TÜCCAR	20/06/1906
MOLHO JACOB	SELANİK	-	TÜCCAR	08/04/1909
MOLHO SALOMON	SELANİK	1887	ACENTE	02/01/1909
MORDECHAI ASSEO	SELANİK	1853	SİMSAR	13/01/1903
MOSSERT SALOMONE	SELANİK	1890	TÜCCAR	12/04/1915
MÜŞTAK LUTFİ	ERZURUM	1877	MEMUR	05/12/1908
MUHLİS EDHEM	SELANİK	1867	TÜCCAR	30/06/1909
MURTAZA B. ABDİ	SELANİK	1871	BANKACI	14/02/1903
MUSTAFA HAYRİ	ÜRGÜP	1868	MEMUR	18/12/1908
MUSTAFA IBNELHAKI	SELANİK	1877	MEMUR	04/01/1909
MUSTAFA TEVFİK	İZMİR	1881	MÜLAZİM	07/01/1909
NACİ ÖMER	EDİRNE	1877	MEMUR	10/12/1910
NAFIZ OSMAN	-	1872	ASKER	07/11/1904
NAHAMA MARIO	SELANİK	1877	MEMUR	12/01/1904
NAHMAN ISAC	SELANİK	1885	TÜCCAR	11/07/1911
NAHMIAS DARIUSL.	SELANİK	1880	MEMUR	11/11/1904
NAHMIAS MOISE	GÜMÜLCİNE	1877	ECZACI	19/05/1906
NAKİ BİN AHMED	NAZİLLİ	1865	ÖĞRETMEN	12/01/1904
NAMIAS ALBERTO	SELANİK	1872	ACENTE	22/02/1909
NAŞİT BİN MUSTAFA	İSTANBUL	1875	ZABİT	09/12/1909
NAZIF MEHMET	DIMELOCA [?]	1870	AVUKAT	24/05/1905
NECİB DJEMAL	İSTANBUL	1873	ZABİT	27/02/1909
NECİB MEHMET	MAHOVITZA	1870	....	06/02/1904
NEHAMA GIUSEPPE	SELANİK	1880	ÖĞRETMEN	12/06/1903
NEHAMA JACQUES	SELANİK	1895	MÜTEAHHİT	23/09/1921
NİDİZ MUSTAFA	İSTANBUL	1871	MÜLAZİM	23/03/1910
NİHAD MURAD	SELANİK	1882	YÜZBAŞI	13/05/1909
NISSIM A.	SELANİK	1888	TÜCCAR	30/12/1919
NISSIM HAIM	SELANİK	1866	MEMUR	27/07/1903
NURİ OSMAN	DRAMA	1857	TÜCCAR	10/06/1907
PASCHALIDES	İSTANBUL	1873	ASKERİ HEKİM	31/01/1906
PERAMIA SALOMONE	SELANİK	1863	TÜCCAR	14/02/1903
PESACH DAVID	SELANİK	1862	ASKERİ HEKİM	17/05/1904
PIAZZA ITALO	CASTELNUOVO	1891	GEMİ MAKİNİSTİ	15/07/1918
RAŞİD	İSTANBUL	1870	MALİYE MÜFETTİŞİ	24/08/1908
RAHMI BİN RIZA	SELANİK	1874	TÜCCAR	19/11/1903
RECANATE ZAHARIE	SELANİK	1880	-	28/12/1910
REFİK MEHMED	-	1883	ELEKTRİKÇİ	27/02/1909
RIZA ALİ	KIRŞEHİR	1871	HAKİM	09/11/1903
ROSE BOLTON A.	SMIRNE	1851	SİGORTA ACENTESİ	25/03/1903
RÜŞDÜ MEHMED	SOFYA	1880	SUBAY	24/08/1910
RÜŞDÜ TEVFİK	ÇANAKKALE	1882	HEKİM	21/04/1910
SADEDDİN RAGIB	SELANİK	1883	DEVLET MEMURU	21/04/1910
SABETAI AMON	SELANİK	1883	MEMUR	24/12/1910
SABİT DERVİŞ	SERES	-	MAL SAHİBİ	20/03/1909
SABITE SAMI	TRABZON	1874	JANDARMA SUBAYI	12/07/1910
SABY NADJARI	SELANİK	1886	TÜCCAR	15/07/1918

SADRİ MUSTAFA	İSTANBUL	1886	SUBAY	24/08/1910
SAFAN SEMTOV	SELANİK	1873	MEMUR	12/06/1903
SAIAS JOSEPH ABRAHAM	-	-	-	30/04/1917
SAİD IİSMAİL	SELANİK	1868	MEMUR	07/02/1909
SALEM DANIEL J.	SELANİK	1886	TÜCCAR	17/02/1909
SALEM JOSEPH	SELANİK	1871	BANKACI	06/03/1909
SALEM RICHARD	SELANİK	1897	TÜCCAR	23/03/1921
SALMONA SAMUELE	SELANİK	1884	TÜCCAR	10/07/1923
SALOMON JACOB	CARAFERIA	1882	BANKACI	19/06/1908
SALTIEL ABRAM	SELANİK	1876	MUHASEBECİ	02/11/1906
SALTIEL NICO	SELANİK	1865	TÜCCAR	08/08/1908
SALTIEL SEMTOV	SELANİK	1870	TÜCCAR	14/02/1903
SAPORTA DAVID	SELANİK	1874	TÜCCAR	08/08/1907
SARIDAKI ALPHONSE	SELANİK	1879	MEMUR	08/08/1907
SAROU NICO	VELES	1896	-	15/07/1918
SAROU SAVA	KISPERLI	1866	ÖĞRETMEN	07/03/1917
SCIALOM DAVID	SELANİK	1883	MEMUR	08/11/1907
SCIALOM ISAC	SELANİK	1876	TÜCCAR	25/03/1903
SCIALOM SAMUEL	SELANİK	1869	SİMSAR	13/03/1906
SEIDERER KNAZ	VİYANA	1880	TÜCCAR	29/03/1910
SEMAH VICTOR	-	1892	ÖĞRETMEN	07/03/1911
SERI SEUM	KIRIM	1875	HAKİM	06/02/1904
SERVET KAMİL	İSTANBUL	1881	HEKİM	15/11/1906
SERVET MEHMED	SELANİK	1875	HAKİM	27/03/1906
SIDKI MEHMED	SELANİK	1863	SUBAY	11/02/1910
SIEGENTAHLER FRITZ	LYSACH	1897	MEMUR	16/02/1923
SIMMA LAZZARO	SELANİK	1875	TÜCCAR	12/06/1903
SOUROUJON HAIM	İSTANBUL	1871	ASKERİ HEKİM	12/07/1904
SPIROGLOU DIMITRI	CHILE	1870	YARGIÇ	22/06/1907
STROUMZA ALBERTO	SELANİK	1887	TÜCCAR	15/07/1918
STRUCK ADOLFO	İSTANBUL	1877	MUHASEBECİ	04/03/1903
SUKIAZ	İZMİT	1875	MEMUR	12/11/1908
SÜREYYA	-	1871	SUBAY	28/04/1910
TAIB CHEFKI	TIKFICHE	1859	RANTİYE	14/11/1904
TALAT MEHMED	İSTANBUL	1882	SUBAY	16/02/1911
TENTCHEFF DIMITRI	KILKICH	1878	DİŞÇİ	15/06/1910
TEVFİK AHMED	SELANİK	1865	DEVLET MEMURU	28/04/1910
TEVFİK HIFZI	SELANİK	1879	RANTİYE	19/09/1903
THEODORIDES MARCO	SELANİK	1872	AVUKAT	30/12/1903
TIANO HENRY M.	SELANİK	1879	RANTİYE	14/11/1904
TIANO MOISE	SELANİK	1880	TÜCCAR	03/08/1904
TIANO SAMUEL A.	SELANİK	1870	TÜCCAR	31/01/1903
TİMUR BEY ZADE ALI	CERAFERIA	1883	MEMUR	02/05/1911
UZIEL DAVID	SELANİK	1889	TÜCCAR	28/02/1922
VASFİ BİN MEHMED	PREVEZE	1864	DEVLET MEMURU	08/04/1909
VEFİK AHMED	İSTANBUL	1880	SUBAY	02/05/1910
VELLITCH JOVAN	SELANİK	1870	ÖĞRETMEN	13/12/1907
VENTURA BENJAMIN	İZMİR	1851	TÜCCAR	13/05/1904
YUZBACHIAN ARTIN	-	-	AVUKAT	29/12/1909
ZADE REFIK MANYASİ	İSTANBUL	1855	AVUKAT	17/11/1906
ZEGA ARISTIDE	-	1884	HEKİM	07/08/1917
ZEYNEL ABİDİN	RADOVICHTA	1877	YÜZBAŞI	17/08/1909

BELGELER

1. Maşrık-ı Azam-ı Osmani (GR.·. OR.·. Ottomano) Kurulması Önerisi

20 Şubat tarihli bir yazı okundu; bu yazıda, İstanbul'daki *Bisanzio Risorta* Locası'ndan birader Muhterem Nicola Forte tarafından (f.·. Nicola Forte, Ven.·. della L.·. *Bisanzio Risorta*) İtalya Maşrık-ı Azamı'nın, bir Maşrık-ı Azam-ı Osmani (GR.·. OR.·. Ottomano) kurulmasını talep etmesi öneriliyor. Benzer öneriye kuramsal olarak karşı çıkmayan ve çıkamayan Kurul, Türkiye'de kurulmuş diğer nizami Localar nezdinde, eğer gerekli görüyorsa, girişimde bulunabilmesi için izlemesi gereken yolu f.·. Forte'ye açıkça ve ayrıntılı olarak bildirme kararı aldı.

[ASGOI, kaynak "Kurul Tutanakları", 26 Kasım 1908]

2. Maşrık-ı Azam-ı Osmani'nin Kuruluşu

Bisanzio Risorta Büyük Locası'nın (R.·. L.·. *Bisanzio Risorta*), bir Maşrık-ı Azam-ı Osmani kurulması için başlatılmış olan çalışmalarla ilgili yazışmaları okundu: Yine aynı konuda, f.·. Giovanni Regis'in f.·. Giovanni Prada'ya yazdığı mektup okundu. Giovanni Prada da bilgi edinmesi için bu yazıyı Büyük Üstad'a göndermişti. Son olarak da, İskeçe Locası'nın bir yazısı (una tav.·.) okunuyor. Bu yazıyla bir Maşrık-ı Azam-ı Osmani kurulması için L.·. *Bisanzio Risorta* tarafından ilan edilmiş Şûra-yı Âli-i Osmani'ye temsilci atama hakkının kendisine bahşedilip edilmeyeceğini soruyor. F.·. Ven.·. della L.·. *Bisanzio Risorta*'nın, Türkiye'de bir Maşrık-ı Azam kurulması yönündeki mason hareketinin engellenemez olduğu, ve eğer bu hareket İtalya Maşrık-ı Azamı tarafından yönetilemezse ya İngiltere Büyük Locası'nın ya da Fransa Maşrık-ı Azamı'nın eline düşüp büyük zarar göreceği ve kurulması kaçınılmaz olan bu yeni mason merkezi üzerindeki etkimizin tümüyle silinip gideceği yolundaki örneklerini ve açıklamalarını dikkate alan Kurul, yararlı tartışmalardan sonra, İtalya Maşrık-ı Azamı'nın, gelecekte Maşrık-ı Azam-ı Osmani'nin yetki alanı içinde kalacak olan, kendi obediyansına bağlı bazı locaları elinde tutmayı sürdürmesi koşuluyla, bu hareketin desteklenmesine karar verdi.

[ASGOI, kaynak "Kurul Tutanakları", 21 Ocak 1909]

3. Şûra-yı Âli-i (SUP∴ CONS∴) Osmani ve Maşrık-ı Azam-ı Osmani

Şûra-yı Âli-i Osmani ve Maşrık-ı Azam-ı Osmani (Sup∴ Cons∴ Gr∴ Or∴ Ottomano) ile ilgili görüşmenin son evrelerine yaklaşırken, Genel Sekreter (Seg∴), "*Bisanzio Risorta*" ve "*Italia Risorta*" Localarının Muhteremlerinin mektubunu ileterek açıklamalar yaptı. Uzun tartışmalardan sonra, Kurul, geçmişteki benzer örneklerden hareketle, Maşrık-ı Azam-ı Osmani'yi yaratmak amacıyla oluşturulan Şûra'ya katılacak Locar'a (LL∴) kesin talimatları verme görevini Büyük Üstad'a bıraktı. Bu arada bir ilkeyi de açıkça belirtti. İtalya Maşrık-ı Azamı, ancak, Türkiye'nin başlıca merkezlerinde, Maşrık-ı Azam-ı Osmani kurulmadan önce varolan İtalyan Locası'na eşit sayıda yeni localar edinme hakkını korumak koşuluyla ve Türkiye'de savunulacak mason çıkarları bulunan Avrupalı Maşrık-ı Azam'larla uzlaşmaya vararak bu Loca'yı, kurulduğu takdirde, tanımaya karar verecektir.

(ASGOI, kaynak "Kurul Tutanakları", 20 Temmuz 1909]

4. Maşrık-ı Azam-ı Osmani'nin Tanınması

Muktedir Büyük Üstad (Pot∴ Gran∴ Maestro) başkanlık ediyor. Albona - Berlenda - Ottolenghi - Levi. Pek Sayın Biraderler (Ill∴ ff∴) hazır bulunuyorlar. Büyük Üstad, Ill∴ f∴ Zettiry'nin, Maşrık-ı Azam-ı Osmani'nin kuruluşuyla ilgili bazı mektuplarını sunuyor: f∴ Sakakini'nin Saverio Fera'ya yazdığı bir mektubun suretini de sunuyor. Bu suret f∴ Sakakini'nin kendisi tarafından verilmiş. Bu yazıdan da anlaşılacağı gibi Maşrık-ı Azam-ı Osmani, locaların yönetimi konusunda, İtalya'da Maşrık-ı Azam'dan başka yasal yetkili tanımıyor. Dolayısıyla da, Fera'nın Yüksek Şûra'sına (Supr∴ Cons∴) bağlı İskoç Büyük Locası'nı locaları düzenleyici bir otorite olarak tanımıyor. Ayrıca, Türkiye hakkında 33'ler Yüksek Şûra'sının (Sup∴ Cons∴ dei 33∴) düşüncesini yansıtan f∴ Sakakini'nin Fera'nın Sup∴ Cons∴'unu tanıyacağı zaten düşünülemez. Büyük Üstad Türkiye Maşrık-ı Azamı (Maşrık-ı Azam-ı Osmani) tarafından kendisine ulaştırılmış olan resmi tanınma talebini de sundu. Kurul, Maşrık-ı Azam'ın oluşumuyla ilgili belge ve tutanakların düzenli olduğunu dikkate aldı. Fera'nın entrikaları karşısında bile, genç Türkiye Maşrık-ı Azamı ile İtalya Maşrık-ı Azamı arasındaki resmi ilişkilerin kısa sürede düzene sokulup sonuçlandırıldığı da göz önüne alındı. Kurul, tanınma isteğinin kabul edilmesine ve Türkiye Maşrık-ı Azamı tarafından sunulan üç kişilik listede ilk sırada adı geçen f.·. Carlo Alberto Zettiry'nin de İtalya Maşrık-ı Azamı'nın dostluğunun kefili olarak atanmasına karar verdi.

Genel Sekreter, Maşrık-ı Azam-ı Osmani'yi tanımadan önce, bizim Maşrık-ı Azamı'mızın Fransa Maşrık-ı Azamı ile karşılıklı uyum içinde kalmaya karar verdiğini hatırlattı: Bu nedenle Kurul, yasal yazılar da eline geçtiği için, Fransa Maşrık-ı Azamı'na Maşrık-ı Azam-ı Osmani'yi tanıdığımızı bildiren bir mektup yazılmasına karar verdi.

[ASGOI, kaynak "Kurul Tutanakları", 8 Aralık 1909]

5. Türkiye Maşrık-ı Azamı (GR.·. OR.·. di Turchia) ile Birleşme Anlaşması

Türkiye Maşrık-ı Azamı tarafından kaleme alınan İtalya Maşrık-ı Azamı ile birleşme anlaşması tasarısı okundu ve tartışıldı; uzun tartışmalardan sonra, Kurul, aşağıdaki değişiklikleri Türkiye Maşrık-ı Azamı'na sunmaya karar verdi: 2. madde: Krallık içinde ilk üç simgesel derecenin masonik yetkilisi İtalya Maşrık-ı Azamı'dır, ifadesinde: Krallık sözcüğünden sonra, ve İtalyan Kolonisi, eklenecek. 7. madde: İtalya Maşrık-ı Azamı'nın, herhangi bir zamanda Osmanlı toprağı üzerinde kendi obediyansı içinde var olan ve herhangi bir nedenle yıkılan ya da feshedilen locaları, aynı ad ve aynı Maşrık'ta kalmak koşuluyla, yeniden oluşturma yetkisi kabul ediliyor. 9. madde: Bu maddenin kaldırılması dileği ifade ediliyor. 10. madde: İfade ettikleri düşünceleri nedeniyle İtalyan Localarına Türk masonların ve Türk Localarına da İtalyan masonlarının kabul edilmemesi ilkesi onaylanamaz: Oysa, ziyaret edilen Loca'nın Muhterem'i (Ven.·. della L.·.), karşılıklı obediyanslardan gelen Misafir Biraderlerin (ff.·. Visitatori) mason öğretisine ve bu veya şu Maşrık-ı Azam'a uygun düşmeyen, onunla bağdaşmayan düşünceler belirttiklerine kanaat getirirse, bu kişilerin karşılıklı olarak uzaklaştırılabileceği ilkesi onaylanabilir.

[ASGOI, kaynak "Kurul Tutanakları", 28 Şubat 1910)

6. Maşrık-ı Azam-ı Osmani'nin (GR.·. OR.·. Ottomano) Türk-İtalyan Savaşı Hakkındaki Bir Mektubu

"GR.·. OR.·. Ottomano"nun 19 Ekim tarihli mektubu okundu. Bu mektupta kısaca, şu günlerde Türkiye ile İtalya arasında var olan, genelde masonluğu derin şekilde yaralayan ve düşmanlarını mutlu eden çatışmadan şikâyet ediliyor. İtalyan Locaları'na bir bildiri sunuluyor ve bu güç durumda iki mason topluluğunun sıkı bir yakınlaşma göstermeleri için ricada bulunuluyor. Kısa bir görüşmeden sonra, Kurul, savaşın üzücü sonuçlarının İtalyan masonluğuna da acı verdiğini bildirmek üzere Maşrık-ı Azam-ı Osmani'ye cevap vermeyi kararlaştırdı. Şu sırada ülkenin çıkarlarına ve onuruna zarar verebileceği için herhangi bir girişimde bulunulamazdı. İnsani görevlerini yerine getirmekle yetinmek zorundaydılar, bu nedenle de ölü ve yaralıların ailelerine yardım ediyorlardı. Vatanın çıkarları ve onuru zarar görmeden, yerine getirilmiş görevlerin temeli ve anısı üzerinde barışa ulaşılabilirse İtalya Maşrık-ı Azamı bundan büyük mutluluk duyacaktı.

(ASGOI, kaynak "Kurul Tutanakları", 2 Kasım 1911]

1. Giuseppe Garibaldi mason giysisiyle

Smirne 19: Decembre 1863.

Generale,

Una privata colletta, da me iniziata fra Compatrioti Italiani — a benefizio dei poveri prigionieri d'Aspromonte: ha fruttato Lire 110.–, e queste vi mando mediante l'inclusa lettera di cambio, pregandovi di farle avere accompagnate da una parola di conforto, a quei generosi sventurati, che soffrono le angoscie del carcere, perchè giurarono liberare la nostra Capitale, dallo schifoso prete, e dall'esoso Straniero!....

Dio vi conservi lungamente, Cittadino Generale, alla riconoscenza affettuosa dei vostri Connazionali; e alla gloria d'Italia.

Dr. Anacleto Cricca
ex Capitano

Al Generale
Giuseppe Garibaldi
Caprera

2. Eski ve kabul edilmiş İskoç Riti'nin 33. derecesinden olan Anacleto Cricca'nın Giuseppe Garibaldi'ye mektubu

ADRIANO LEMMI

S.·. G.·. C.·. del Supr.·. Cons.·. dei 33.·.

3. Adriano Lemmi, İtalyan masonluğunun Büyük Üstadı

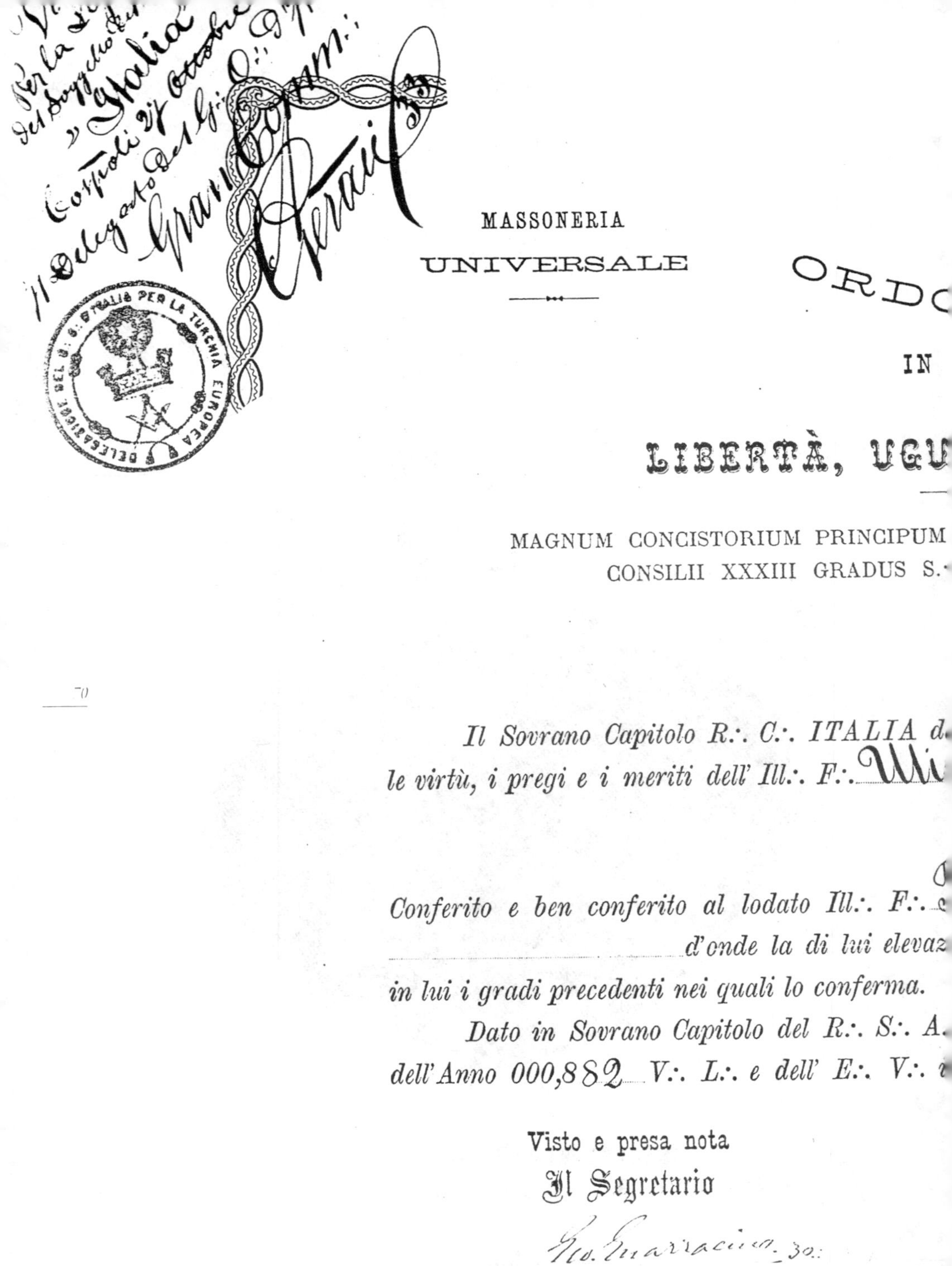
MASSONERIA
UNIVERSALE
ORD
IN
LIBERTÀ, UGU
MAGNUM CONCISTORIUM PRINCIPUM
CONSILII XXXIII GRADUS S.
Il Sovrano Capitolo R∴ C∴ ITALIA d
le virtù, i pregi e i meriti dell' Ill∴ F∴
Conferito e ben conferito al lodato Ill∴ F∴
d'onde la di lui elevaz
in lui i gradi precedenti nei quali lo conferma.
Dato in Sovrano Capitolo del R∴ S∴ A.
dell'Anno 000,882 V∴ L∴ e dell' E∴ V∴
Visto e presa nota
Il Segretario

4. İstanbul'daki Italia Risorta locasının diplomasi

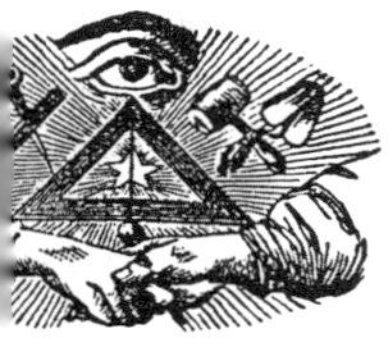

COMUNIONE

ITALIANA

3 AB CHAO

OPULOQUE SPES

IANZA, FRATELLANZA.

ORUM A REGIO ARCANO, CUM SANCTIONE SUPREMI

.·. ET E.·. OMNIBUS QUIBUS Etc. Etc. Etc.

P.·. D.·.

71

·. A.·. ed A.·. *esaminate le Balaustre nelle quali sono designate*

acci 33mo·. *sulla proposta dell'* Ill.·. e Pont.·. F.·. A. Geraci

HIARA

i Ulisse Trentatresimo *il titolo di Membro Onorario*

rado summenzionato Diciottesimo, è ciò dopo aver riconosciuto

all' Or.·. di Costantinopoli il XXV.·. *giorno del* VIII.·. *mese,*

ttobre 1882

Il Presidente

Geraci 33.·.

5. Anacleto Cricca'nın portresi

A.·. G.·. D.·. G.·. A.·. D.·. U.·.

MASSONERIA UNIVERSALE — COMUNIONE ITALIANA

LIBERTÀ — UGUAGLIANZA — FRATELLANZA

GRANDE ORIENTE D'ITALIA

N° 21467

Registrata al N° 5763 — Data risposta al ... 1° Junio de 1907

Contestada al N° 327 Tom 16 el día 12 de Junio 1907

Or.·. di Roma, il 22 maggio 1907 E.·. V.·.

AL SERENISS.·. GRANDE ORIENTE SPAGNOLO

M.·. A.·.

Illustri e CC.·. Fratelli

Con nostra N° 18850 del 27 marzo decorso v'intrattenemmo a proposito di un gruppo massonico irregolare esistente in Salonicco, il quale si proponeva di chiedere la propria regolarizzazione alla Massoneria Spagnola.

Non ci giunse da voi alcuna risposta.

Quel gruppo adesso, rappresentato dai Signori L. Maissa, Venerabile, ed Oscar Misrachi, Segretario, ha annunziato alle nostre Loggie di Salonicco di essersi costituito in Loggia dal titolo "Perseverancia" e di essere stato accolto sotto la vostra obbedienza.

Allo scopo di regolare i rapporti delle nostre Officine con la Loggia suaccennata, vi preghiamo di dirci se la sua asserzione di essere stata da voi riconosciuta risponda a verità.

Gradite, Illustri e CC.·. FF.·., i nostri affettuosi e fraterni saluti.

p IL GRAN SEGRETARIO

Ulisse Bacci

6. *Türkiye'deki locaların ve başlıca biraderlerin listesi.*

Anno XXVI. ROMA, Gennaio-Febbraio 1895. N. 1-2.

RIVISTA

DELLA

MASSONERIA ITALIANA

ULISSE BACCI 33.·.

DIRETTORE DELLA « RIVISTA DELLA MASSONERIA ITALIANA ».

7. *Ulisse Bacci*

166.a Seduta
della Giunta del Grande Oriente d'Italia
(mercoledì 8 Decembre) 1909

Presiede il Pot.: Gran Maestro.
Sono presenti gli Ill.: ff.: Albano - Berlenda
Ottolenghi - Levi.

Grande Oriente Ottomano

Il Gran Maestro presenta alcune lettere dell'Ill.: f.: Zettiry, relative alla costituzione del Grande Oriente Ottomano: presenta anche copia di una lettera del f.: Sakakini a Saverio Fera, copia rilasciata dal f.: Sakakini medesimo, dalla quale resulta che il Grande Oriente Ottomano non riconosce in Italia altra Autorità regolare per il governo delle Loggie, che il Grande Oriente e non è quindi disposto a riconoscere una Gran Loggia Scozzese, dipendente dal Sup.: Cons.: feriano, come autorità regolatrice delle Loggie: resulta inoltre che il f.: Sakakini, il quale evidentemente rispecchia il pensiero del Sup.: Cons.: dei 33.: per la Turchia, non intende di riconoscere il Sup.: Cons.: feriano. Il Gran Maestro presenta anche la domanda formale di riconoscimento pervenutagli dal Grande Oriente di Turchia. La Giunta, considerando che i documenti e processi verbali relativi alla Costituzione del Grande Oriente, appaiono regolari; considerata la opportunità, anche in presenza delle manovre del Fera, che i rapporti ufficiali fra il giovine Grande Oriente

8. Bacci'nin Italia Risorta temsilciliğine atandığını bildiren mektup.

Anno XXV. ROMA, Settembre-Ottobre 1894. Num. 14-17.

RIVISTA

DELLA

MASSONERIA ITALIANA

ERNESTO NATHAN 33.·.

1°.·. GRAN SORVEGLIANTE DEL GRAND'ORIENTE D'ITALIA.

9. Ernesto Nathan

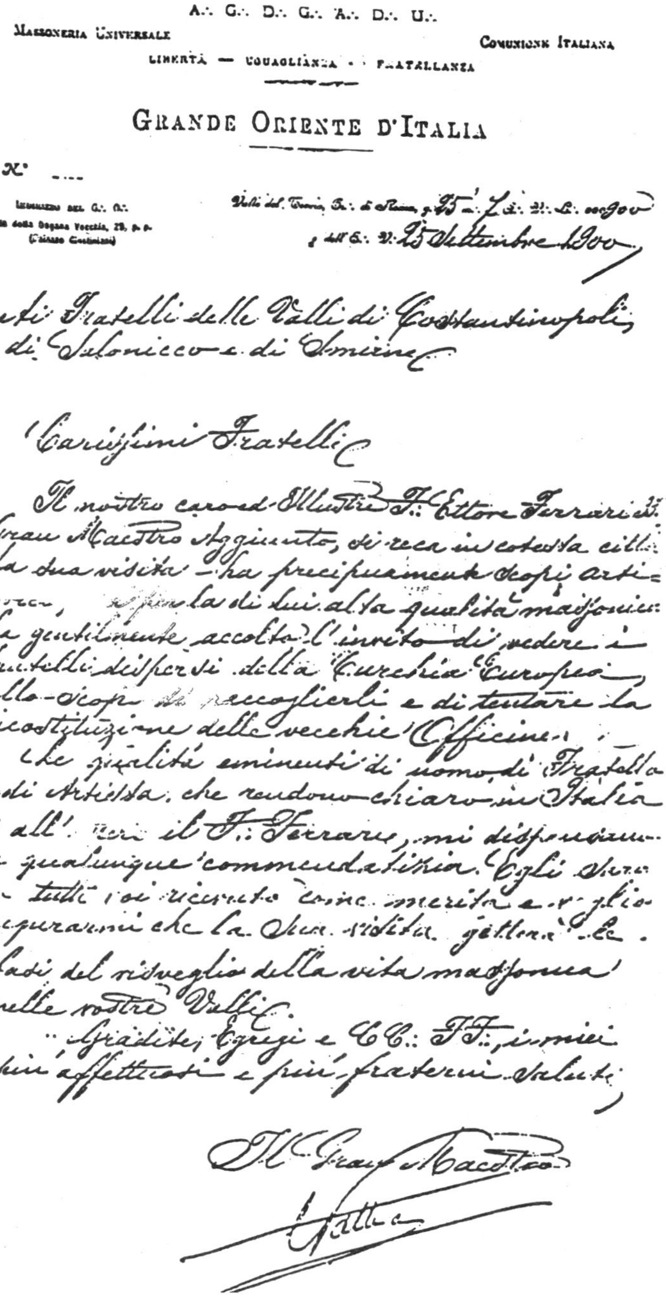

A∴ G∴ D∴ G∴ A∴ D∴ U∴

Massoneria Universale — Comunione Italiana

Libertà — Uguaglianza — Fratellanza

Grande Oriente d'Italia

N° ...

Segreteria del G∴ O∴
Via della Dogana Vecchia, 29, p. p.
(Palazzo Giustiniani)

Valli del Tevere, Or∴ di Roma, g. 25 [illegible] 900
e dell'E∴ V∴ 25 Settembre 1900

Ai Fratelli delle Valli di Costantinopoli, di Salonicco e di Smirne

Carissimi Fratelli,

Il nostro caro ed Illustre F∴ Ettore Ferrari 33∴ Gran Maestro Aggiunto, si reca in cotesta città. La sua visita ha precipuamente scopi artistici, ma per la di lui alta qualità massonica ha gentilmente accolto l'invito di vedere i Fratelli dispersi della Turchia Europea, allo scopo di raccoglierli e di tentare la ricostituzione delle vecchie Officine.

Le qualità eminenti di uomo, di Fratello e di Artista, che rendono chiaro in Italia ed all'estero il F∴ Ferrari, mi dispensano da qualunque commendatizia. Egli sarà da tutti voi ricevuto come merita e voglio augurarmi che la sua visita getterà le basi del risveglio della vita massonica nelle vostre Valli.

Gradite, Egregi e CC∴ FF∴, i miei più affettuosi e più fraterni saluti.

Il Gran Maestro
Nathan

10. Nathan'ın kendi el yazısıyla yazdığı mektup

11. Ettore Ferrari'nin portresi

12. Katolik eğilimli Il Bastone *gazetesinde E. Ferrari'den "serseri" diye söz eden bir makale*

	COGNOME E. NOME	PATERNITA	PATRIA	ETA	CONDIZIONE	R.·. LOGGIA CUI APPARTIENE	DATA IN CUI FU RILASCIATO IL DIPLOMA Di 1° Grado
	Molho Giacomo	Di Salomone	Salonicco	1872	Capo Stazione	Macedonia Risorta Salonicco	
	Mehmet Talat		"	1869	Segretario	" "	12 Giugno 1903
	Safan Semtov	Di Elia	"	1873	Impiegato	" "	
	Eliakim Abram	Di Jomtov	"	1876	Negoziante	" "	
57	Midat Cükri		Salonicco	1874	Impiegato	Macedonia Risorta Salonicco	

13. "İtalya Maşrık-ı Azamı" Arşivi'ne ait belgeler

14. Emanuel Karasu

A∴ G∴ D∴ G∴ A∴ D∴ U∴

MASSONERIA UNIVERSALE COMUNIONE ITALIANA

LIBERTÀ — UGUAGLIANZA — FRATELLANZA

Queretaro

GRANDE ORIENTE D'ITALIA

Fratelli di Salonicco (ultima L∴ Macedonia - cassò nel 1876 -

Egisto della Torre, da Livorno, tappezziere.

~~Dottor Colorni~~

John Elia Blunt, Console Inglese

Augusto Roth.

- ~~Dot.~~ E. Pèrera -

Adriano Rocchi

Fratelli di Smirne.

- Cav. Dott. Anacleto Cricca (Smirne 33∴, Membro Onorario del Grande Oriente

- Isacco Maggioro, Rappresentante (Ditta Maggioro & Franco)

Isaac M. Hazan, impiegato Fabbrica di Tappeti.

Fratelli di Costantinopoli

Antonio Catalani Seg.° della L∴ Italia Risorta

Samuele Margosches Ten " " "

Raffaello Ricci Ven " " "

— Carmelo Melia, Addetto Commerciale - Camera di Commercio - Ambasciata Italiana

Avv. Giacomo Barozzi, già F∴ Onorario della L∴ Italia Risorta, Consigliere dell'Ambasciata Persiana - Avvocato della Banca Imperiale Ottomana

15. "İtalya Maşrık-ı Azamı"ndan "İspanya Maşrık-ı Azamı"na yazılmış mektup

16. *"Türk dostu" Nathan arabada*

17. Cávid Bey

18. Jön Türk devriminin kartpostalı

R.·. L.·. M.·. C.·.

ITALIA RISORTA

Or.·. di Costantinopoli.

№ ________

Oggetto

Nomina a Rappresentante della R.: L.: Italia Risorta al Congresso Massonico It.° a Milano

Ritirate le £ 20

A.·. G.·. D.·. G.·. A.·. D.·. U.·.

MASSONERIA UNIVERSALE. COMUNIONE ITALIANA.

LIBERTA' — UGUAGLIANZA — FRATELLANZA.

Valle del Bosforo Or.·. di Costantinopoli XXIII G.·. VI M.·. V.·. L.·. 000881

e dell' E.·. V.·. 23 Agosto 1881

Illustre F.: Ulisse Bacci

Questa R.: M.: L.: C.: Italia Risorta non ultima a rispondere dove la civiltà ed il progresso la chiamano, aderisce di cuore alla iniziativa delle R.: M.: LL.: Lombarde per tenere nel Settembre prossimo a Milano un Congresso Massonico nazionale.

Essa apprezzando altamente i meriti vostri e le seguenti virtù che vi distinguono, nella seduta del 18 corrente in seguito a proposta del Cariss.° F.: Antonio Geracci Ven.: acclamava ad unanimità di voti Voi, quale di Lei rappresentante al Congresso nazionale suddetto del quale siete Membro, facoltizzandovi a surrogarvi altro se ciò fosse d'uopo.

Acclusa alla presente troverete un Mandato per la somma di fr. 20 per diritti di rappresentanza a norma dell'Art.° 6° del Regolamento del summenzionato Congresso.

Lusingandoci che degnerete accettare la Rappresentanza della Nostra R.: Officina vi anticipiamo i nostri cordiali ringraziamenti, e vi preghiamo di gradire il triplice fraterno amplesso

Per Mandato
Il Venerabile

A. Geracci 33

Il Segretario
Enrico Ottoni 18...

19. Maşrık-ı Azam-ı Osmani'nin kabul edilişi

KAYNAKÇA

Ahmad, Feroz. *The Young Turks: The Committee of Union and Progress in Turkish Politics (1908-1914)*, Oxford, 1969.

Ahmad, Feroz. "İttihad ve Terakki Cemiyeti", in *EI²*, IV, s.284-286.

"Alla Giovine Turchia", *Rivista Massonica*, XL (190), no: 9-10, s.218-219.

Amiable, Louis. *De la situation maçonnique à Constantinople, en Grèce et en Italie*, Aix-en-Provence, 1895.

Anderson's Constitutions-Constitutions d'Anderson 1723, Daniel Ligou (ed.), Paris, 1990.

Annuario Statistico dell'Emigrazione Italiana dal 1876 al 1925, Commissariato Generale dell'Emigrazione yayını, Roma, 1925.

"Asia Minore", *Bollettino del Grande Oriente della Massoneria in Italia*, c.II, yıl III (1868), fas.12, s.441.

Benbassa, Esther. "Les Jeunes-turcs et les juifs (1908-1914)", AA.VV., *Mélanges offerts à Louis Bazin par ses disciples, collègues et amis*, Paris, 1992, s.311-321.

Benimeli, Josè A.F. *Los Archivos Secretos Vaticanos y la Massoneria*, Caracas, 1976.

"Bienfaisance maçonnique", *Rivista della Massoneria italiana*, XVII (1887), no: 19-22, s.163-164.

Bissolati, Leonida. "Per un'intervista di Ricciotti Garibaldi", *Il Secolo* (19 Şubat 1911), s.1.

Caetani, Leone. "Il pericoloso miraggio", AA.VV., *Come siamo andati in Libia*, Floransa, 1914, s.183-190.

Carpi, Leone. "Notizie statistiche sull'emigrazione italiana all'estero dal 1869 al 1876", *Annuario statistico della emigrazione italiana dal 1876 al 1925*, Commissariato generale dell'Emigrazione yayını, Roma, 1926.

Castronovo, Valerio. "Stampa e opinione pubblica nell'Italia liberale", V.Castronovo-Nicola Tranfaglia (ed.), *La stampa italiana nell'età liberale* içinde, Bari, 1979.

Catellani, Enrico. "La visita degli Ottomani. Il significato e i propositi", *Rivista coloniale*, V (1910), c.I, fas.5, s.121-130.

Chicco, Enrico. *Memorie sul Levante*, Torino, 1874.
Clavel, F.T. & B. *Storia della Massoneria e delle Socièta segrete*, Napoli, 1873.
"Commemoranze funebri della Rispettabile Loggia *Italia Risorta* il 15 Maggio 1884", *Rivista della Massoneria italiana*, XV (1884), no: 25-28, s.206-9.
Cosmopolitan Masonic Calendar and Pocket Book for 1873, Being a Comprehensive Masonic Book of Reference, Containing Lists of Lodges in the United Kingdom, France, Germany, Italy, &c., &c.,together with Full Particulars of Every Grand Masonic Body Throughout the Globe, Londra, 1873.
"Costantinopoli", *Rivista della Massoneria italiana*, III (1872), no: 8, s.13.
"Costantinopoli", *Rivista della Massoneria italiana*, IV (1873), no: 22, s.6-7.
Cricca, Anacleto. "Le memorie di un veterano", *Rivista Politica e Letteraria*, V (1901), fas.1, s.105-34.
"Decreto n.158", *Rivista della Massoneria italiana*, III (1872), no: 5, s.5-6.
De Leone, Enrico. *L'Impero Ottomano nel primo periodo delle riforme (tanzîmât) secondo fonti italiane*, Milano, 1967.
Del Arbol, Eduardo Enriquez. "Masoneria y diaspora Sefardi en el siglo XX: el origen de las logias otomanas (1907-1909)", *Masoneria Espanola y America (V Symposyum Internacional de Historia de la Masoneria Espanola, Caceres, 16-20 Giugno 1991)*, J.A.Ferrer Benimeli (ed.), Zaragoza, 1993, s.551-590.
Del Boca, Angelo. *Gli Italiani in Libia. Tripoli bel suol d'amore (1860-1922)*, Milano, 1993.

Dictionnaire universel de la Franc-maçonnerie, Daniel Ligou (ed.), Paris, 1987.
Di Porto, Bruno. "Bruzzesi Giacinto", *Dizionario biografico degli Italiani*, Roma, 1972, c.XIV, s.742-745.
Drane, Stevenson F.D. "Freemasonry in Egypt (bölüm I)", *Ars Quatuor Coronatorum*, LXXXI (1968), s.209-223.
Dumont, Paul. "La Turquie dans les Archives du Grand Orient de France: les loges maçonniques d'obédience française à Istanbul du milieu du XIXe siècle à la veille de la première guerre mondiale", AA.VV., *Economies et Société dans l'Empire Ottoman, fin du XVIIIe siècle-début du XIXe siècle (Actes du IIe congrés international d'histoire économique et sociale de la Turquie)*, Paris, 1983, s.171-201.
Dumont, Paul. "La franc-maçonnerie ottomane et les "idées françaises" à l'époque des tanzimat", *Revue de la Méditerranée et du monde méditerranéen*, LII-LIII (1989), n.2-3, s.151-159.
Dumont, Paul. "La franc-maçonnerie dans l'Empire ottoman. La loge grecque Promethée à Jannina", *Revue de la Méditerranée et du monde méditerranéen*, LVI (192), no: 4, s.105-112.
Dumont, Paul. "Une délégation jeune-turque à Paris", *Première rencontre internationale sur l'Empire ottoman et la Turquie moderne (Varia Turcica XIII)*, Edhem Eldem (ed.), İstanbul-Paris 1991, s.305-331.
Eldem, Edhem. "Emanuel Karasu biyografisine bir devam?", *Toplumsal Tarih*, IV (Kasım 1995), no: 23, s.43-45.

"Elenco generale dei FF. rappresentanti le Logge e Corpi massonici intervenuti nell'Assemblea legislativa e costituente, tenutasi in Napoli li 21, 22 e 23 Giugno 1867 (E.V.), *Bollettino del Grande Oriente della Massoneria in Italia*, c.II, yıl III (1867), fas.1-5, s.71-82.

Emigrazione e Colonie: rapporti di RR. Agenti diplomatici e consolari, Dışişleri Bakanlığı yayını, Roma, 1893.

Esposito, Rosario F. "I Primi massoni in Medio Oriente", *Rivista Massonica*, yeni seri içinde LXX-XIV (1979), no: 5, s.231-237.

Ferrari, Ettore. "Onoranze ai Fratelli Turchi", *Rivista Massonica*, XLI (1910), no: 11-12, s.270-278.

Ferrari, Ettore. "La Massoneria italiana e la rivoluzione turca", *Acacia*, II (1910), s.121-131.

Frangini, Attilio. *Italiani in Smirne*, Bologna, 1903.

"Fratelli (I) di Nathan", *L'Idea Nazionale*, II (1912), no: 39, s.3.

Georgeon, François. "La montée du nationalisme turc dans l'état ottoman (1908-1914): bilan et perspectives", *Revue de la Méditerranée et du monde méditerranéen*, L (1988), no: 4, s.30-43.

"Giovani (I) Turchi in Italia", *Rivista Massonica*, XL (1909), no: 9-10, s.231.

"Grande Oriente Ottomano", *Rivista Massonica*, XL (1909), no: 9-10, s.238-239.

Groc, Gérard. "La presse jeune-turque de langue française", *Première rencontre internationale sur l'Empire ottoman et la Turquie moderne (Varia Turcica XIII)*, Edhem Eldem (ed.), İstanbul-Paris 1991, s.429-440.

Grottanelli, Ulderico. "Anacleto Cricca", AA.VV., *Il libro d'oro del patriottismo italiano (biografie e ritratti dei combattenti dal 1848 al 1870)*, Roma, 1902, I, s.122-125.

Güzel, Mehmet Şehmuz. "Prélude à la "révolution" jeune-turque: la grogne des casernes", *Première rencontre internationale sur l'Empire ottoman et la Turquie moderne (Varia Turcica XIII)*, Edhem Eldem (ed.), İstanbul-Paris 1991, s.247-285.

Hanioğlu, Şükrü. "Notes on the Young Turks and the Freemasons (1875-1908)", *Middle Eastern Studies*, XXV (1989), no: 2, s.186-197.

Hanioğlu, Şükrü. "The Young Turks on the Verge of the 1908 Revolution", *Première rencontre internationale sur l'Empire ottoman et la Turquie moderne (Varia Turcica XIII)*, Edhem Eldem (ed.), İstanbul-Paris 1991, s.287-303.

Iacovella, Angelo. "La Massoneria italiana in Turchia: la loggia *Italia Risorta* di Costantinopoli (1867-1923)", *Studi Emigrazione/Etudes Migrations*, XXXIII (1996), no: 123, s.393-416.

Iacovella, Angelo. "Ettore Ferrari e i Giovani Turchi", *Atti del convegno su "Il progetto liberal democratico di Ettore Ferrari"*, Anna Maria Isastia (ed.) (Roma, 5-6 Mayıs 1995).

Imperatori, Ugo E. "Giacinto Bruzzesi", AA.VV., *Dizionario di Italiani all'estero (dal secolo XIII sino ad oggi)*, Cenova, 1956.

"Italia (L') alle prese con i Giovani Turchi", *L'Idea Nazionale*, I (1911), no: 8, s.1.
"Italia, Turchia e Massoneria", *Rivista Massonica*, XLII (1911), no: 13-14, s.326-328.
Kedourie, Elie. "Young Turks, Freemasons and Jews", *Middle Eastern Review*, VII (1971), n.1, s.99-104.
Knight, E.F. *The Awakening of Turkey: A History of the Turkish Revolution*, Londra, 1909.
Kusner, David. *The Rise of the Turkish Nationalism (1876-1908)*, Londra, 1961.
Landau, Jacob M. "Les Jeunes-Turcs et le sionisme: une reconsidération", *Première rencontre internationale sur l'Empire ottoman et la Turquie moderne (Varia Turcica XIII)*, Edhem Eldem (ed.), İstanbul-Paris 1991, s.385-395.
"Leone (II) e la mosca", *L'Idea Nazionale*, I (1911), no: 31, s.2.
Levernay, F. *Guide générale d'Egypte*, İskenderiye, 1868.
Lewis, Bernard. *Islam et laïcité*, Paris, 1988 (*The Emergence of Modern Turkey*'in -Oxford, 1965- Fransızca çevirisi).
Lewis, Bernard. *The Jews of Islam*, Princeton, 1984.
"Logge dell'Asia Minore", *Bollettino del Grande Oriente della Massoneria in Italia*, c.II, yıl III (1868), fas.1-5, s.185.
"Logge (Le) italiane in Oriente", *Bollettino del Grande Oriente della Massoneria in Italia*, c.II, yıl III (1867), fas.4-6, s.184-186.

Loi, Salvatore. "Il "risveglio" dei Giovani Turchi", *Hiram*, VIII (1987), no: 3, s.83-5.
Luzio, Alessandro. *La Massoneria e il Risorgimento italiano*, Bologna, 1925, 2 c.
Malgeri, Francesco. "L'impresa libica e la crisi degli equilibri giolittiani", AA.VV., *Il parlamento italiano (1861-1988)*, c.VIII, Milano, 1990, s.137-166.
Mantegazza, Vico. *La Turchia liberale e le Questioni balcaniche*, Milano, 1908.
Mantegazza, Vico. *Italiani in Oriente*, Roma, 1922.
Margulies, Roni. "Emanuel Karasu biyografisine bir başlangıç", *Toplumsal Tarih*, IV (1995), no: 23, s.43-45.
Marinovich, Adriano. *La Società Operaia Italiana di Mutuo Soccorso in Costantinopoli*, İstanbul, 1995.
Masi, Claudio. *Italia e Italiani in Oriente vicino e lontano (1800-1935)*, Bologna, 1935.
Michel, Ersilio. "Bruzzesi Giacinto", *Dizionario del Risorgimento Nazionale di Michele Rosi*, Milano, 1930, c.II, s.435-436.
Michel, Ersilio. "Anacleto Cricca", *Dizionario del Risorgimento Nazionale di Michele Rosi*, Milano, 1930, c.II, s.777.
Michel, Ersilio. "Esuli italiani nelle isole Ionie (1849)", *Rassegna storica del Risorgimento*, XXXVII (1950), fas.1-4, s.323-352.
Milano, Attilio. *Storia degli Ebrei italiani nel Levante*, Floransa, 1949.
Mıssır Di Lusignano, Livio. "La collettività italiana di Smirne", *Storia Contemporanea*, XXII (1990), no: 1, s.147-170.

Mola, Aldo A. *Adriano Lemmi*, Roma, 1985.
Mola, Aldo A. *Storia della Massoneria italiana dalle origini ai giorni nostri*, Milano, 1992.
Mori, Angiolo. *Gli Italiani a Costantinopoli*, Modena, 1906.
Mottura, Giulia. *Gli Italiani e il sud-est europeo. L'Albania e il movimento filoalbanase dal 1900 al 1915*, Roma Üniversitesi Edebiyat Fakültesi'nde doktora tezi, 1994/95.
Novarino, Marco. "Le relazioni italo-spagnole tra istituzioni massoniche nell'archivio storico nazionale di Salamanca", *Spagna Contemporanea*, I (1992), no: 2, s.111-124.
Ottolenghi, M.G. "Gli Ebrei di Salonico", *Il Vessillo Israelitico*, XLV (1897), no: 1, s.150-152.
"Per l'impresa di Tripoli", *Rivista Massonica*, XLII (1911), no: 15-16, s.382-384.
Pinon, René. *L'Europe et la Jeune-Turquie*, Paris, 1913.
Ramsaur, Ernest. "The Bektashi Dervishes and the Young Turks", *The Moslem World*, XXXII (1942), s.7-14.
Ramsaur, Ernest. *The Young Turks. Prelude to the Revolution of 1908*, Princeton, 1957.
Rispoli, Adelia. "La figura di Edoardo Denari nei rapporti tra Italia e Turchia", *Atti del simposio di ricerche e di studi per uno sviluppo scientifico dei rapporti italo-turchi (9-14 ottobre 1980)*, Enrico de Leone (ed.), Milano, 1981, s.149-154.
Saban, Giacomo. "Ebrei di Turchia", *La Rassegna Mensile di Israel*, XLIX (1983), no: 1, s.161-189.
Sacerdote, Gustavo. *La vita di Giuseppe Garibaldi*, Milano, 1933.
Salvetti, Patrizia. *Immagine nazionale ed emigrazione nella Società "Dante Alighieri"*, Roma, 1995.
"Scuole (Le) laiche Italiane a Costantinopoli e la R.·. L.·. *Italia Risorta*", *Rivista della Massoneria italiana*, XXI (1890), no: 11-12, s.181-182.
Skendi, S. *The Albanian National Awakening (1878-1912)*, Princeton, 1967.
"Smirne", *Rivista della Massoneria italiana*, III (1872), no: 13, s.14-15.
"Smirne", *Rivista della Massoneria italiana*, IV (172), no: 8, s.6.
Smyrnelis, Marie-Carmen. "Gli Italiani a Smirne nei secoli XVIII e XIX", *Altre Italie*, VI (1994), no: 12, s.39-59.
"Sottoscrizione massonica per le famiglie dei caduti nella guerra d'Africa", *Rivista Massonica*, XLII (1911), no: 17-18, s.424-426.
"Statistica israeliti italiani all'estero", *L'Educatore israelita*, XXI (1873), s.289-330.
Storari, Luigi. *Guida con cenni storici di Smirne*, Torino, 1857.
Strenna della Rivista della Massoneria italiana, Roma, 1890.
Svolopoulos, Costantin. "L'initiation de Mourad V à la franc-maçonnerie par C.Scalieri: aux origines du mouvement libéral en Turquie", *Balkan Studies*, V (1980), n.21, s.441-447.

"Sua eccellenza Manyasizade Refik Bey", *Rivista Massonica*, XL (1909), no: 5-6, s.143.

Swarzfuchs, Simon. "La "Nazione Ebrea" Livournaise au Levant", *La Rassegna Mensile di Israel*, L (1984), no: 3, s.707-724.

Thobie, Jacques. "Jeunes-Turcs et haute finance", *Première rencontre internationale sur l'Empire ottoman et la Turquie moderne (Varia Turcica XIII)*, Edhem Eldem (ed.), İstanbul-Paris 1991, s.397-412.

Thory, C.A. *Acta Latomarum*, Paris, 1815.

Trasselli, Carmelo. "Esuli italiani in Turchia nel dodicennio 1849-60", *La Sicilia nel Risorgimento italiano*, I (1933), fas.1, s.3-9.

"Una nuova associazione massonica in Turchia", *Acacia*, I (1909), s.69.

Varsano, Samuele. "Ebrei di Salonnico immigrati a Napoli (1917-1940): una testimonianza", *Storia Contemporanea*, XXIII, 1992, no: 1, s.119-126.

Yerasimos, Stéphane. "Quelques éléments sur l'ingénieur Luigi Storari", *Atti del Convegno "Architettura ed architetti italiani ad Istanbul tra il secolo XIX e il XX secolo"*, (İstanbul, 27-28 Kasım 1995), IIC İstanbul 1997, s.117-123.

Zaccagnini, Giuseppe. *La vita a Costantinopoli*, Torino, 1909.

Zarcone, Thierry. *Mystiques, philosophes et francs-maçons en Islam*, Paris, 1994.

DİZİN

TARİH VAKFI YURT YAYINLARI

SEÇMELER

TÜRKİYE'DE MODERNLEŞME VE ULUSAL KİMLİK

EDİTÖRLER
SİBEL BOZDOĞAN-REŞAT KASABA

İkinci Dünya Savaşı'nı takip eden yıllarda Türkiye, evrensel bir modernleşme modelinin en başarılı örneklerinden biri olarak gösterilmişti. Türkiye'nin, Osmanlı dönemi reformlarından başlayıp Kemalist ulus-devletle en yetkin ifadesine ulaşan modernleşme ve Batılılaşma tarihi, modernleşme kuramcılarının tüm yazdıklarını doğrular görünüyordu. Bu kitaptaki yazarların her biri, kendi uzmanlık alanlarından Türkiye'ye bakarken güncel kavramsal araçları ve teorik çerçeveleri de kullanarak, Kemalizm ve modernleşme, modernleşmenin doğrultusu, İslamcı siyaset ve kimlik arayışı, kadın ve cinsiyet, mimarlık kültürü, kent planlaması ve müziğe kadar çeşitli konuları inceliyor, tartışıyorlar.

vii + 223 s. / ISBN 975-333-076-6

18. YÜZYIL KADI SİCİLLERİ IŞIĞINDA EYÜP'TE SOSYAL YAŞAM

EDİTÖR
TÜLAY ARTAN

Halil İnalcık'ın dediği gibi, Eyüp Türk şehirciliğinin özgün ve tipik bir örneğidir. Ayrıca İstanbul'un da bazı fonksiyonlarını üzerine almış, tamamlamış ve İstanbul tarihinin çok önemli bir parçası olmuştur. Bir ziyaretgâhtır, mesire ve eğlence yeridir; Osmanlı sultanları burada kılıç kuşandıkları için siyasi fonksiyonu olmuştur, aynı zamanda da mimari, çinicilik ve yazı sanatları bakımından bir sanat müzesidir. Bu kitapta Eyüp'ün tarihini araştırmak için İstanbul Müftülüğü'nde korunan kadı mahkemeleri sicillerinden, ikisi kassam defteri olan üçü üzerinde duruldu. Halil İnalcık, Yavuz Cezar, Suraiya Faroqhi, Tülay Artan, Akif Aydın, Feridun Emecen, Stefan Yerasimos 18. yüzyılın Eyüp'ünü bu sicilleri inceleyerek çeşitli açılardan değerlendirdiler.

v + 102 s. / ISBN 975-333-071-5

SAVAŞTA VE BARIŞTA BİR OSMANLI DEVLET ADAMI AHMED RESMİ EFENDİ (1700-1783)

VIRGINIA AKSAN

Çeviri: Özden Arıkan

Ahmed Resmi Efendi, 18. yüzyılda kalemiyeden yetişmiş, Viyana ve Berlin'e elçi olarak gitmiş, sefaretnamelerinin yanı sıra önemli eserler vermiş bir devlet adamıdır. Virginia Aksan, Osmanlı arşivlerine dayanarak yaptığı bu araştırmada Ahmed Resmi Efendi'yi anlatırken, tarihçiler tarafından epeyce ihmal edilmiş bir dönem olan 18. yüzyılın Osmanlı toplumuna da ışık tutuyor; Osmanlı merkezi yönetimi, Osmanlı'nın Avrupa'ya bakışı, diplomasi ve savaşın geleneksel düşünceleri değiştirmesi üzerine yoğunlaşıyor. 1768-1774 Osmanlı-Rus Savaşı Ahmed Resmi ve diğer görgü tanıklarının ağzından yeniden kurgulanıyor ve Küçük Kaynarca trajedisinin ardından Osmanlının yeni politika ve ideoloji arayışları irdeleniyor.

x + 241 s. / ISBN 975-333-072-3

OSMANLI İMPARATORLUĞU'NDA VEBA (1700-1850)

DANIEL PANZAC

Beka yok cihanda nüfus-ı fâniye / Ömr-i beşer sanki bir saniye/Birisin hayyen ayırdı felek/Bu idi bana sevece-i saniye/Tâûndan vefat etti, Ah! Naciye!" Tâûn ya da veba, 18. yüzyıldan kalma bir mezar taşındaki bu sözlerin de gösterdiği gibi, yüzyıllar boyunca Osmanlı tebaasını kırıp geçirmiş ve çok acı vermiş bir illet. Vebanın neden ve nasıl yayıldığı, Müslüman ve gayrimüslim tebaanın salgın karşısındaki tavırları, inançları, Balkanlar'dan Erzurum'a, Magrip'ten Maşrık'a bireylerin ve devletin aldığı önlemler, Venedik, Marsilya, Şam, İstanbul ve daha birçok şehrin konsolosluk raporları, sağlık görevlilerinin yazışmaları ve binin üzerinde kaynak taranarak yazıldı. Yüz elli yıllık bir dönemi tanıklara dayanarak anlatan bir toplumsal tarih kitabı.

xii + 323 s. / ISBN 975-333-073-1

OSMANLI KÜLTÜRÜ VE GÜNDELİK YAŞAM
ORTAÇAĞDAN YİRMİNCİ YÜZYILA

SURAIYA FAROQHI

Son yirmi beş yıldır kültür tarihinden ne anlaşılması gerektiği hakkındaki düşünceler değişti. Artık bu kavramla sadece sanat, bilim ve edebiyat kastedilmiyor, gündelik kültür de işin içine katıldı. Gündelik kültür geniş bir kavram: Komşu ziyaretlerinde dikkat edilmesi gereken nezaket kurallarından yemeğin nasıl hazırlandığına kadar pek çok öğeyi içeriyor. Osmanlı tarihçileri de yeni çalışmalarında "sıradan" insanın kültürünü ele alıyorlar. Suraiya Faroqhi, Osmanlıların gündelik yaşamlarını, zaman, mekân ve güzellik kavramlarını, yemek ve sohbet kültürlerini, iletişim ağlarını irdeliyor; o çağların Osmanlı toplumuna alışılmışın dışında bir yöntemle bakıyor.

ix + 364 s. / ISBN 975-333-066-9

TARİHÇİ MUSTAFA ÂLİ
BİR OSMANLI AYDIN VE BÜROKRATI

CORNELL H. FLEISCHER

Çeviri: Ayla Ortaç

Gelibolulu Mustafa Âli 16. yüzyılın sonunda yaşadı, olağanüstü bir kapsayıcılık ve kavrayışla devletinin tarihini belgeledi ve sorunlarını çözümledi. Bütün yaşamını içinde yaşadığı toplumun kuruluştaki ülkülerine adamış, ama aynı topluma gücenmiş ve yabancılaşmıştı. Tıpkı kendi düzensiz meslek yaşamı ve sabırsız kişiliği gibi toplum da çöküşünün tohumlarını içinde taşıyordu. Âli'nin idealle gerçek arasındaki farkı tanımış olması, onun etkili bir tarihçi olmasını sağlayan göreli yansızlığını ortaya çıkarmış, ama bir tür kültürel ve dünyevi parçalanmışlığa da yol açmıştı. Cornell Fleischer son yılların bu en önemli araştırmasında Âli ve eserlerini, imparatorluğun biçimlendiği bir dönemde Osmanlı entelektüel ve toplumsal hayatının çözümlenmesinde temel alıyor. Âli ile adeta bütünleşerek onun yaşamını ve Osmanlı toplumunu yeniden kurguluyor.

xii + 348 s. / ISBN 975-333-055-3

TARİH VAKFI YURT YAYINLARI

Abdülaziz Bey. *Osmanlı Âdet, Merasim ve Tabirleri.*

Virginia Aksan. *Savaşta ve Barışta Bir Osmanlı Devlet Adamı, Ahmed Resmi Efendi.*

Sevgi Aktüre. *Anadolu'da Bronz Çağı Kentleri.*

Kemal Arı. *Büyük Mübadele, Türkiye'ye Zorunlu Göç (1923-1925).*

Zeki Arıkan. *Tarihimiz ve Cumhuriyet, Muhittin Birgen (1885-1951).*

Tülay Artan (ed.). *18. Yüzyıl Kadı Sicilleri Işığında Eyüp'te Sosyal Yaşam.*

Murat Belge. *İstanbul Gezi Rehberi.* Genişletilmiş 4. Baskı.

Korkut Boratav, Ergun Türkcan (Ed.). *Türkiye'de Sanayileşmenin Yeni Boyutları ve Kitler.* 3. Baskı.

Korkut Boratav. *İstanbul ve Anadolu'dan Sınıf Profilleri.*

Sibel Bozdoğan, Reşat Kasaba. *Türkiye'de Modernleşme ve Ulusal Kimlik.*

Peter Burke. *Tarih ve Toplumsal Kuram.*

Mete Çetik. *Üniversite'de Cadı Kazanı, 1948 DTCF Tasfiyesi ve Pertev Naili Boratav'ın Müdafaası.*

Haldun Derin. *Çankaya Özel Kalemini Anımsarken (1933-1951).*

Selim Deringil. *Denge Oyunu, İkinci Dünya Savaşı'nda Türkiye'nin Dış Politikası.*

Paul Dumont, François Georgeon (ed.) *Modernleşme Sürecinde Osmanlı Kentleri.*

Suraiya Faroqhi. *Osmanlı'da Kentler ve Kentliler.* 2. Baskı.

Suraiya Faroqhi. *Hacılar ve Sultanlar.*

Suraiya Faroqhi. *Osmanlı Kültürü ve Gündelik Yaşam, Ortaçağdan Yirminci Yüzyıla.*

Carter V. Findley. *Kalemiyeden Mülkiyeye, Osmanlı Memurlarının Toplumsal Tarihi.*

Cornell H. Fleischer. *Tarihçi Mustafa Âli, Bir Osmanlı Aydın ve Bürokratı.*

Gazi Ahmed Muhtar Paşa. *Anılar, Sergüzeşt-i Hayatım'ın Cild-i Evveli.*

Gazi Ahmed Muhtar Paşa. *Anılar, Sergüzeşt-i Hayatım'ın Cild-i Sanisi.*

François Georgeon. *Türk Milliyetçiliğinin Kökenleri Yusuf Akçura (1876-1935).*

Daniel Goffman. *İzmir ve Levanten Dünya (1550-1650).*

Ralph S. Hattox. *Kahve ve Kahvehaneler, Bir Toplumsal İçeceğin Yakındoğu'daki*

Kökenleri.

Sarkis Sarraf Hovhannesyan. *Payitaht İstanbul'un Tarihçesi.*

Béla Horvath. *Anadolu 1913.*

Clarence R. Johnson (ed.). *İstanbul 1920.*

Çağlar Keyder. *Dünya Ekonomisi İçinde Türkiye (1923-1929).* 2. Baskı.

Çağlar Keyder, Eyüp Özveren, Donald Quataert (ed.). *Doğu Akdeniz'de Liman Kentleri.*

Hans-Peter Laqueur. *Hüve'l-Baki, İstanbul'da Osmanlı Mezarlıkları ve Mezar Taşları.*

Bernard Lewis. *Çatışan Kültürler, Keşifler Çağında Hıristiyanlar, Müslümanlar, Yahudiler.*

Hagop Mıntzuri. *İstanbul Anıları (1896-1907).* 3. Baskı.

Mehmed Süreyya Bey. *Sicill-i Osmanî* (6 cilt)

İzzettin Önder, Oktar Türel, Nazım Ekinci, Cem Somel. *Türkiye'de Kamu Maliyesi, Finansal Yapı ve Politikalar.*

Salih Özbaran. *Tarih Tarihçi ve Toplum.*

Şevket Pamuk. *Osmanlı Ekonomisinde Bağımlılık ve Büyüme (1820-1913).* 2. Baskı.

Daniel Panzac. *Osmanlı İmparatorluğu'nda Veba.*

Leslie P. Peirce. *Harem-i Hümayun, Osmanlı İmparatorluğu'nda Hükümranlık ve Kadınlar.*

André Raymond. *Osmanlı Döneminde Arap Kentleri.*

Amy Singer. *Kadılar, Kullar, Kudüslü Köylüler.*

Yahya S. Tezel. *Cumhuriyet Döneminin İktisadi Tarihi (1923-1950).* 3. Baskı.

Ehud R. Toledano. *Osmanlı Köle Ticareti (1840-1890).*

Zafer Toprak. *Milli İktisat-Milli Burjuvazi.*

Zafer Toprak. *İttihat-Terakki ve Devletçilik.*

John Tosh. *Tarihin Peşinde, Modern Tarih Çalışmasında Hedefler, Yöntemler ve Yeni Doğrultular.*

Erol Tümertekin. *İstanbul, İnsan ve Mekân.*

Sabri Yetkin. *Ege'de Eşkıyalar.*

Elizabeth Zachariadou. *Osmanlı Beyliği.*

SEMPOZYUM/ATÖLYE DİZİSİ

Osman Hamdi Bey ve Dönemi.

Toplumsal Tarihte Çocuk.

Eyüp Dün/Bugün.